學佛入門 5

律制生活

LIVING BY THE MONASTIC PRECEPTS

聖嚴法師——著

目錄

略論出家與投師

一年以來，有好幾位素未謀面的在家居士，來信問我有關發心出家的種種門徑，當然，他們都是正在準備走向發心出家這條路的人。因我自己也是一個出家不久的人，所知有限，故也未能一一答覆，即使回他們一信，所談也未必中肯。最近又有一位居士，移樽下問出家與投師的問題，現就個人對此問題的看法和態度，試為略論，以期引玉。

一、當前佛教的問題

近年頗有許多大德，感於後繼無人，而覺佛教之將垂危。因為以往中國大陸的農村子弟，很少有向上突出的發展機會，上廟出家，廟有廟產，最低限度也較中等以下的人家，富裕多多，所以出家之後，一則免於苦力，二則可以讀書，三則繼承廟產。若其資稟過人，出外參學十年、八年之後，還有希望在大山大剎的大叢林下，出人頭地，做個方丈。在一般的老觀念中，出家做方丈，無異在家中做狀元了，所以童年出家的人很多。臺灣地區，自從光復以來，社會環境，漸由農業蛻化成工商業的狀態，兒童於受完國民教育之後，有力升學，升學的機會是平等的；無力升學，勞力吃飯的機會也是平等的。中年以上而無一技之長的人，固或有失意失業、無所適從的可能，而十幾歲以上的兒童，學工藝，習技術，到處都有機會等著他們。又所謂三百六十行，行行出狀元，身懷一技之長，何必要做和尚！再說，臺灣的寺廟，多無廟產，即使有其收入，多數亦為在家人所謂管理委員會等的名目所操縱壟斷，出家人在廟裡，僅僅形同廟祝，有抱負的家長們，自亦很少會同意自己的子弟去出家了。

二、童年出家的利弊

本來，所謂童貞入道的觀念，是非常神聖的，也是佛教之所讚歎的，比如文殊菩薩及善財童子，都是童貞入道。因為出家重斷淫欲，童貞入道的人，即無淫行的機會，文殊、善財之可貴，乃在從初發心，即斷淫念，所以永生永世，都稱為童子。普通人童年出家，未必盡其形壽，受持淫戒，乃至夢寢不渝，尤其童年之際，出家的行為，未必出於個人的至誠，對於出家的目的，也未必了解。故我以為，童年出家，未嘗不善，但也未嘗皆善。佛陀時代，羅睺羅童年出家，須跋陀羅臨終見佛，兩人同樣證得聖果。鳩摩羅什、玄奘大師，童貞出家，固為高僧；弘一大師三十九歲出家，亦不失其為律宗的祖師。相反地，童年出家，操持不堅，行守不端，出家一生，蒙昧而過，殆至臨終而尚不知出家所為何事者，亦比比皆是。由此可見，當今小和尚的來源不充，未必就是佛教不幸，只要有人出家，佛教就有希望，但我並不反對童年出家。不要勉強急求，但視因緣成熟。不過一旦剃度之後，不得視為剃度師的工具隨意驅使，應該使其接受佛教的完備教育，庶幾可望成為佛門的龍象。否則，童年出家，並無必要。因為童年出家的好處，是在能有充分的時間精力，來接受佛法熏陶，從事佛法的修學行持與弘化，利用其一生的生命過程，多為自己準備一些走向成佛之道的資糧，並為他人多做一些導引入佛法海的工作。

三、中年以後的根器

中年以後，再來出家者，也各有其利弊。利在人到中年，對於人生的苦樂，社會的風暴，已經有了相當的體驗；對於世間相和眾生相，已經有了相當程度的觀察，一旦放下一切，而來披剃出家，自可拋卻萬緣，一心向道；對於世間的欲樂，當可不再存一好奇之心，更不致有希求一染之念，因為他已是過來人，世間一切，不過如此而已，所以發起道心，比較堅固；用起功來，也較勇猛。這是中年以後再出家的好處，但也要看各人的根器如何而定。根器稍劣者，菩提心易發，恆常心則難繼，每每一時從其俗世事業或愛情的頂峰失敗下來，傷心失望之餘，便自以為看破紅塵，發心出家。當其初出家時，不能說他沒有發心或沒有道心，只是出家的日子一久，以其固有的世俗經驗，去攀緣世俗的信徒，世緣一多，名利來了，女色也將隱隨其後，跟蹤而至。若非深根厚器，淡泊名利，警惕女色，他就很難不隨波逐流，沒頂而去。再說，人到中年，形貌固已生定，生活習慣也已生根，若非深根厚器，世俗的種種習氣，也難截波斷流，一一為之除去，正如一個吃上了鴉片的人，若無超人的意志，很難一戒永戒，一斷永斷。

印度古宗教，主張人之一生，少年學習世間學藝，中年服務人群，晚年隱入山林。也就是說，人到晚年出家學道，最合理想。佛教對出家年齡，並不限制，對於人生的觀念，也跟印度古宗教不同。佛教以為人雖童幼，未必不應該學道，學道的人未必一定學習世間學問。孔子曾說：「行有餘力，則以學文。」佛教也以為人於修學佛法之餘，不妨廣涉世學。其實如能窮通佛法的出世之學以後，即是大徹大悟，既已大徹大悟，何愁世間學問的不能不學自悟？如人入佛之先，業已博通世學，以世學之梯，進佛法之門，自亦無妨。學佛出家，也不等於隱遁山林，離群獨居。佛教教人出家之後，學行有成，得不退轉，尚須返回眾生群中來救拔教化，以期一切眾生皆能脫出此一生死苦海。所以人的一生，不必硬性劃成三個階段，隨時可以出家學道，也隨時可以入俗化眾。這是積極而富彈性的人生觀。

四、出家所為何事？

我是一個曾經童年出家，繼於軍伍十年，又於中年出家的人。以我個人的體驗，童年出家，富於天真而純，中年出家，較為至誠而明；童年出家多有倚賴的心理，中年出家能具獨立的精神。不過，我人出家，最低限度，要把出家的目的弄清楚。童年出家，往往只知出家之為善，而不知出家之何以為善？那麼，當其出家之後，師長應該使他知道，出家所為何事？待其成年，覺察此一生活宗旨及生活方式，非他心願志趣所能接受之時，自可聽其還俗。否則，勉勉強強，含含糊糊，於人於己，對社會，對佛教，都將有害無益。中年以後出家，應在披剃之先，徹底認清出家的意義及目的，出家是為生死大事，是為擺脫世緣，一心向道，若不能得不退轉，也要臨命終時，帶業往生；出家絕對不是來到三寶門中討飯碗、爭高下、搶地位、奪名利。佛事門中，雖有法師和住持之類攝眾化眾的機會，但那不是出鋒頭，而是犧牲自己的時間和精力，來護持攝化。應先存心：學教求慧，不為當法師；做事營福，不為做住持。如果我人，尚未出家，就希望自己將來當法師、做住持，那麼我要勸他還是不要出家的好。要不然，在居家時，不能靜下心來用功辦道；出家之後，更沒有時間用功辦道，終會被名利物欲，牽著鼻子，在泥沼裡打滾！

五、真正的出「家」

出家需要剃度，剃度需要剃度的師父。中國的佛教，在孔孟倫理觀念的影響下，出家投師剃度，每相同於繼嗣他人宗嗣的香火，尤其在禪宗盛行祖師傳法的風氣，成為中國佛教特有的型態之後。所謂「一日為師，終身為父」的倫理觀念，也就跟著產生。給人剃度做徒弟，等於改姓給人做兒子。本來，祖師相傳的宗旨，在於授衣表其信，傳法印其心，所以六祖大師在五祖門下，僅得衣法，遂隱嶺南；南嶽、青原，接法六祖之後，也未紹座於曹溪的門庭。不像後世的叢林，所謂傳法，並不在法，而是在於住持職權與寺廟財產的傳承，因為除此以外，已無心法可傳。降至一般的小廟，收徒禮師，只是門庭延續的一種方法而已。出家人不得蓄妻生子，寺廟的繼承，只好依賴收領徒弟以為螟蛉。照理，這也不算壞事，所壞的是，由傳法的神聖任務，一變而成了傳家的世俗型態，師弟之間，本為出世的法眷，如此一來，竟同俗世的父子，彼此膠著於倫理的範圍，不能有其各人的獨特造詣。出家，本求無家牽累，由此一來，出了一個家，又進入了另一個家。近人每嘆出家之後的忙碌煩瑣，原因即在人人都有一個「家」，師父徒弟，為著修行辦道弘法利生而忙者少，為了維持他們的「家」而忙著應付攀緣者多，這是值得哀嘆的事。

六、剃度師與剃度的意義

因此，一般人在準備出家之初，都希望找一位理想的剃度師，此所謂理想，應該包括：道德高、學問好、處事誠懇、待人和藹、志趣相投、性情相近，既有嚴父的氣質，也要有慈母的心懷，能對徒弟視同骨肉，愛護備至。還有他的社會地位，教界的聲望，以及他所主持的寺廟，必須沒有凍餒之憂。因為一旦出家，如同女子出閣，嫁雞隨雞飛，嫁狗跟狗跑。女子嫁人，雖是終身大事，但還允許離婚別就，人之出家，卻不能再跟他的師父脫離師徒關係，故在未然之先，必須審慎抉擇，所謂慎其始才能善其終。

其實，這是錯誤的，也是流俗的。根據佛教的本質來說，人之出家，須有人為其剃度，那是事實；但是為人剃頭，並不是為自己收養子；禮拜剃度師，不即等於求人為義父。所謂度，亦同於渡，以師為船舫、為橋樑，假師接引之力，通過生死關口（不要忘了，出家是為生死大事）。佛經中處處教人尋師參道，依止師僧而住，出家依師，猶如溺水之人附於浮物之旁，若不緊緊抓牢，便有沒頂之患。這是鼓勵學人不要輕舉妄動，選擇榜樣看齊，但卻絕非教人，一經剃度之後，即須從一而終。如《金剛經》所說：「如筏喻者，法尚應捨，何況非法。」一人之前進，亦如火箭升空，節節前進，也要節節揚棄。固不可忘情於所受過的恩惠，也不可纏縛於俗情的膠著之中，不然的話，如人過橋，因為戀戀不捨橋上的風光，以及使他通過河流的恩德，便永遠徘徊橋上，不唯耽誤了自己的前途，同時也增加了橋樑的負荷！人要獨行獨往於天地之間，是要有其足夠的魄力的。古大德所謂：「出家乃大丈夫事，非將相所能為。」原因即在出家人必須灑脫放下一切，然後才能承擔一切。但是灑脫放下者，又談何容易？釋迦世尊，能夠灑脫放下他的王子生活及父王、王妃於其先，才有承擔救世、救人、救一切眾生的使命於其後。

可見，出家投師，只要因緣許可，凡在戒臘十夏以上者，即可請為剃度，故如《根本說一切有部百一羯磨》（以下簡稱《百一羯磨》）卷一中說：「凡有欲求出家者，隨情詣一師處。」至於出家以後，依律五夏學戒，五夏之後，如能具足五法：知持戒、知犯戒、知重戒、知輕戒、善知通塞，便可離依止師，自行參學，各隨所願。也就是說，一切聽任自由。豈可比作嫁雞隨雞飛，嫁狗跟狗跑的俗情繫縛呢？所以，自古高僧，不一定皆出名師之門；名師的徒弟，也不一定能成為高僧。以俗情來說，師父無不希望他的徒弟酷肖自己而隨從自己，然而，雖為父子兄弟，所望亦每異趣，何況是師徒的情誼。再說，依律制，剃度師即是沙彌戒和尚，甚至是比丘戒的和尚。但在中國的佛教，剃度師，只管接引，卻不管傳戒，也談不上教育。故在中國既沒有五夏學律的制度，也沒有依止剃度師五夏的常規，所以小和尚受戒之後，便可在外參學了。

七、出家與剃度的條件

本來，出家有許多條件，為人剃度，也有許多條件。比如：年齡不足七歲或雖足七歲而猶不能驅烏；年過七十；身心有病；乃至缺一指、長一瘤、患一塊癬；父母、妻子、夫主不許；曾經犯破比丘尼的淨戒者；曾經殺父、殺母者，均不能出家。而外道的弟子，雖許出家，但須在僧團中接受四個月的考察。至於剃度師，不滿十夏的戒臘；或雖滿十夏，通經論而不知戒律者；不得僧團通過者，皆不得為人剃度；不得一年剃度二個沙彌。此外尚有許多條件，不便枚舉。但願今之出家者與為人剃度者，能夠做得不太離「經」就好了。若求理想，實屬萬難。

（《今日佛教》五十一期）

師父一共有幾種？

不論在家、出家，也不論世法、出世法，如要學問，便須投師。否則，除非是大根大器、大智大慧的人，才能無師自通，比如佛教的獨覺聖者，就是無師自證的。但是，凡人總比聖人多得太多，所以還是要投師問教，就連釋尊也是遍學五明的。

出家人有七種師：兩種和尚是十戒和尚與具足戒和尚，和尚，譯為中國語，便是親教師，以其由親近而能教而得名；五種阿闍黎是依止、屏教（教授）、羯磨（受戒）、十戒（出家）、教讀（受經）。阿闍黎，譯為中國語，便是軌範師，以其軌持型範而得名。

和尚，在一生之中，如果僅僅出家一次，那他最多只有兩位，甚至僅有一位（十戒和尚可以兼為具足戒和尚）。阿闍黎則可分兩類：依止阿闍黎及教讀阿闍黎，可以多也可以少，依止雖僅一夜，即為依止阿闍黎，教讀雖僅一偈，亦為教讀阿闍黎；屏教阿闍黎、羯磨阿闍黎、十戒阿闍黎，如其出家一次，一生之中，也各各僅有一位，屏教是具足戒時教授受戒儀規的，羯磨是具足戒時白四羯磨的，十戒是沙彌戒時教授威儀的。

中國戒場有尊證阿闍黎七位，此在律中並未規定稱之為阿闍黎，唯說五夏同阿闍黎位，十夏同和尚位，那麼，尊證只能居於「同」師之位。

在家弟子僅有三師阿闍黎：第一是三皈（五戒）阿闍黎，第二是八戒阿闍黎，第三是教讀阿闍黎。三皈師只有一位，八戒師及教讀師可多可少。如受菩薩戒，則另外增加二阿闍黎，菩薩戒沒有和尚，菩薩戒的和尚是本師佛，而非本師比丘法師。

我們知道了師的種類之後，便可以明白，我們學佛，究竟該有多少位師父了。

現時的佛弟子們，為師為弟子，多半不懂師與師的類別，大家亂拜、亂叫、亂收一陣。致引起許多人的批評，認為大家都在攀緣搶徒弟。

照律制說，有了一位剃度師，不得再有沙彌戒和尚，乃至不得再有具足戒和尚。這在中國是行不通的。

但是，既然已經受了戒，絕不應該再拜其他的人為和尚，亦不得另稱他人為親教師。

離了師父在外參學，如果未滿五夏，或已滿十夏而仍未知道比丘（尼）律的輕重持犯與開遮者，則應隨處請求十夏以上的善知識為依止師，侍奉依止師的禮節，如侍奉親教師一樣，但在親教師現前時，即離依止師而隨親教師。

如果出外求學，除了依止師通常應以各寺寺主或上座為依止而外，應禮請教讀師。

至於在家弟子，既已曾經皈依，不必再三再四地另拜皈依師。親近善知識，不怕多，皈依師則不得多，否則便是否定先前的皈依師，也否定了先前所行的皈依禮。如果選擇善知識而親近的話，當可禮之為教讀師，事教讀師，禮同皈依師。

「師父」兩字，是中國人的隨俗稱呼，如果嚴格要求，那是不合理的。唯在律中，也說弟子事師，應如父想；師護弟子，應如子想。弘一大師稱其依止師也是叫師父的。不過上座大德們接受下座比丘的依止之時，應該說明，是依止師父而非親教師父。另有一點，比丘只可為比丘尼的教讀師、羯磨師，而不得為比丘尼的親教師及依止師，因為比丘不得為尼剃度做和尚，比丘尼也不得依止比丘而住。

做師授戒的資格

現時的中國佛教，律制不行，對於師資也不重視，誰能授人戒法，誰能為人之師，也就無人鑑別了，這是不對的，既然不能如律授人戒法，豈有戒法授予他人呢？

按照規矩應該是這樣的：

（一）出家人收出家弟子：比丘需要戒臘在十年以上，比丘尼需要戒臘在十二年以上，並且須對戒律，善識開遮，知所持犯，辨別輕重，自不犯戒。因為律制之中的剃度師，便是沙彌、沙彌尼戒的和尚與和尚尼，乃至也是比丘、比丘尼戒的和尚與和尚尼。中國的剃度師不管授戒，所以剃度師的資格也不嚴格要求了。

（二）出家人為出家人做師：比丘的戒臘須在五年以上，比丘尼的戒臘，須在六年以上。這個「師」不是親教師（和尚），而是軌範師（阿闍黎）。阿闍黎，在比丘有五種：1.出家阿闍黎，2.受戒阿闍黎，3.教授阿闍黎，4.受經阿闍黎，5.依止阿闍黎。比丘尼則有七種，前五種同上，另加受六法阿闍黎與受具足戒時比丘僧中的羯磨阿闍黎。若受菩薩戒，則各加一種阿闍黎。中國的剃度師不管授戒，勉強地附會，相近於出家阿闍黎，實際上出家阿闍黎是受沙彌十戒時的教授師，與剃度師不能相混。但是中國剃度師之不能為其剃度弟子授戒者，絕不等於出家的和尚（親教師），則為無可疑問的事。同時中國的戒和尚，只管授戒，不管教養，地位雖然重要，實質不若剃度師之切乎實際。剃度師的地位，若能準同出家阿闍黎的地位而論，中國的比丘，但有五夏的戒臘，也就可以做剃度師了（？）。

另有中國戒場中的引禮師，並非律制規定所設，故也不在三師七證之列，但其所負的責任，乃在輔助教授師教授新戒的威儀法則，故也實可與教授師同列，因此，凡做引禮師的，也不得少過五夏的戒臘。否則，比丘應該於最初的五夏學戒，自己尚在依止他人的學戒期中，豈能為人做戒師？

至於尊證阿闍黎，中國是規定七位，在泰國則有多到二十多位的，並且均由上座比丘擔任。若照律制，比丘戒不得少過十比丘授，比丘尼戒不得少過十比丘尼加十比丘授（若在邊地可減半數），除了戒和尚的戒臘須在十夏與十二夏以上，其餘的比丘、比丘尼阿闍黎，五夏與六夏以上的戒臘即可，證明受戒參加羯磨的人數，不得少於限數，多則多多益善。

（三）收受在家弟子的條件：這是很寬的，不知比丘大律，也可為白衣授終身五戒以及六齋日授八戒法，但對五戒、八戒的義理，必須要知道，否則便成了「無解做師」！

比丘、比丘尼可以為在家人授五戒與八戒，若無比丘、比丘尼，則式叉摩尼、沙彌、沙彌尼，均可授在家人的五戒與八戒，如果沒有出家五眾，在家的優婆塞與優婆夷，也可以授白衣的五戒。

但如有出家眾的時地，在家眾不要授白衣的五戒；有出家的大二眾，出家的小三眾不要授白衣的五戒與八戒。新戒比丘固可以授白衣的五戒與八戒，但如有老戒比丘，最好也不要做師太早。五夏以前，最好不要空言度眾而授皈依。因為《佛遺教經》上說：「當捨己眾他眾……若樂眾者，則受眾惱。譬如大樹，眾鳥集之，則有枯折之患！」何況我們一般的新戒比丘，本身並非「大樹」。若照嚴格的要求，那就更為苛刻：

大乘為師，必須是出家菩薩，並須具足五德：持戒、十臘、解律藏、通禪思、慧藏窮玄。此為羅什法師所傳。

《菩薩地持經》的規定：必須戒德嚴明、善解三藏、堪能發彼敬心，方可從受菩薩戒，否則即成罪愆。

《四分律》中對於授人具足戒及受人依止的規定：共有七個五法，若三十五法不成就，便不得授人具足戒，不得為人做依止師，不得蓄養沙彌。

《摩訶僧祇律》規定：須有十法成就，才能度人出家受具足戒。

《根本薩婆多部律攝》（以下簡稱《律攝》）中的規定：滿足十夏，方住師位，復須成就五法：一知有犯，二知無犯，三知輕，四知重，五於別解脫經廣能開解，於諸學處創結隨開，若遇難緣善知通塞，常誦戒本能決他疑，戒見多聞自他俱利，威儀行法無有虧犯，具如是德名親教師（和尚）。

此為列舉參考，若要全部做到，今人便無有資格授戒蓄徒的了！但如為人之師者，亦當知所慚愧，始可免招重罪。

代刀剃度合法嗎？

在佛教史上，是否能夠找到代刀剃度的根據，我是不得而知，但在各部律本之中，我確沒有發現代刀剃度的規制。

所謂代刀，便是代理他人收受出家弟子，代理他人為師，代理他人執刀，為他人的出家弟子落髮。

這個風氣，在今日的臺灣頗為盛行，而且都是一輩知名的大德法師，推行著這個風氣。有的大德法師，名義上不收出家弟子，卻專門代理他人收受出家弟子。如果是代理海外或代理身在大陸的大德執刀剃度，還情有可原，竟還有代理同在本省、同為現世的大德執刀剃度，這就令人大惑不解了。

這種風氣，在大體上說，並非壞事，最低限度，能夠成就他人出家。出家固是功德，成就他人出家，也是一樁功德。

據我所知，近世的倓虛長老，便是受其師叔代刀剃度的，倓老出家時，他的師父已經圓寂，他的師叔為了使倓老的師父有一個徒弟，所以代刀為倓老剃度，這也許就是代刀風氣的肇始罷！然亦不是出自倓老的主張。

照律制來說，剃度師便是沙彌戒的和尚，乃至也是比丘戒的和尚。比丘不到戒臘十夏以上並具足五德，便不得剃度沙彌。已死的比丘，不得為和尚，和尚不現前，即不得戒，大眾僧越法。比丘蓄沙彌，需要白知僧團；比丘不願蓄弟子而硬要使他蓄弟子者，律中沒有根據。

不過中國的剃度師，殊少即是十戒和尚與比丘戒和尚的，中國剃度師，在律中的地位，殊難確定，但是充其量也不過相當於阿闍黎而已，唯在律中並無剃度阿闍黎這一名目。中國剃度師，以一般來說，除了不授戒，其責任實又相當於和尚。

因此，為他人代刀剃度，雖非律制，但也不能指出，究竟犯了哪一條律制。唯我希望指出，不論和尚也好，阿闍黎也好，沒有負起實際責任的人，絕不能成其為和尚或阿闍黎。比如依止乃至僅僅一夜，即為依止阿闍黎；教讀乃至僅僅一偈或四句，即為教讀阿闍黎；若其並未依止，也未教讀，那是不能成為阿闍黎的。

求度出家的條件

有些人以為出家做和尚，乃是最容易的事，只要頭髮一剃，衣服一換，便是和尚了。但是也有一些人常常詢問出家人：「做和尚要些什麼條件呢？」他們所能得到的解答，也是很簡單的，不是說：「不要什麼條件，只要能有信心就行了。」便是說：「條件多哩，一時間也說不清的。」

實際上，佛法之前不但人人平等，而且一切眾生，都是平等的，所以凡是人，都有資格出家，不論貧富貴賤，智愚聖凡，佛門之中，無不容納。所以出家是很容易的。然而，平等者，只是立腳點的基本平等，並非毫無鑑別地一律收容，否則佛教便將成為一個藏汙納垢的垃圾桶了！所以，學佛（不即是出家）的條件是來者不拒，出家的要求則有十三重難與十六輕遮，現在分列如下：

（一）十三重難者：壞內外道（外道而以做破壞工作來出家者），破他梵行（與淨戒人行淫者），賊心入道（偷聽說戒），黃門（無性機能的人），二根（具有男女兩種性器者），畜牲變為人形者，非人變為人形者，犯邊罪（曾經受戒而犯大戒者），弒父，弒母，弒阿羅漢，破和合僧，出佛身血。

（二）十六輕遮者：不度奴婢，不度盜賊，不度負債人，不授年未滿二十歲者具足戒，不度癩、白癩、癰疽、癲狂等的病人（凡是身心不健全，五官不端整者皆不度），父母不聽者不度，不度軍公現職人員，不得無衣無缽受大戒，不得借人衣缽受大戒，不自稱名不得戒，不肯稱和尚名不得戒，教授乞戒而不乞戒不得戒，穿著俗服、外道服及裝飾品者不得戒。如《百一羯磨》中說：「端正者出家，清淨者圓具（受大戒）。」

這便是出家的條件了，所謂重難者，只要任占一難，今生便不聽在佛法中出家，至於輕遮，但能使原因消除，便可隨時出家。另據《薩婆多毘尼毘婆沙》卷九中說：「年六十，不得受大戒，設師僧強授，亦不得……唯聽為沙彌；七歲以下，亦不聽度，度受戒俱突吉羅。」

太小太老，都不許出家，《摩訶僧祇律》卷二十三中說：「若減七歲，若滿七歲，不知好惡，皆不應與出家。」又說：「若減七十，不堪造事，臥起須人，是人不聽出家，若過七十，能有所作，是亦不聽，年滿七十，康健，能修習諸業，聽與出家。」

可知七歲以下、七十歲以上，皆不許度其出家，二十歲以前，六十歲以後，雖許出家，但不得受比丘戒，小者小沙彌，老則老沙彌，小沙彌終將可成大比丘，老沙彌則永不得受大戒。這些條件的要求，都是佛制的，但是中國的佛教徒，卻只限於紙上談兵，登壇秉具之時，教授與戒和尚，固然會問遮難，但總未見一個新戒被難住和遮住的。在大陸上有些戒場，為貪戒子多，明知小沙彌不夠二十歲，竟教他們先打妄語說已滿二十歲；做得好看一點的戒場，便由戒和尚送幾歲，以便湊滿二十歲，這是笑話了！還有見到癩頭的、瞎眼的、跛腳的，也都能夠受到具足戒；至於年過六十歲，當然更在方便之例了！那些人能不能得戒，自是問題，那些戒場的傳戒師，應不應該負起一些輕法慢制的責任，又是一個問題了！

正因如此，難怪一般人以為和尚是最好做的了。

如要求其比較合乎律制的規定，在現代來說，剃度師們固然應以審慎的尺度，選擇出家的弟子；在戒場傳戒之時，新戒報名，也必須附繳一份健康檢查表，然後經過一次當面的口試，最後才可決定應否予以授戒。否則的話，所說的條件，根本就不是條件，而是虛應的幌子！

師弟之道

我們生存於天地之間，不會沒有父母，也不能沒有師長。父母者，生我育我；師長者，教我導我。人可以不必自以為師，但卻不能不做他人的弟子，儘管有人不曾有過名義上的師弟之禮，但終不會沒有教學授受的師弟之實。孝養父母，是人之大倫，尊師重道，也是人的本分，所謂飲水思源，才可不愧人之所以為人，尤其是學佛的人。不過師弟之道的建立，是在師弟雙方的責任，今試論之。

一、傳道

師弟之間的相處相待，在目前的社會，教育授受而成為交易式及商業化的型態之後，已經少見有所謂道的存在。本來，如韓愈所說：「師者，所以傳道、授業、解惑也。」為人之師，首在傳道，其次授業，再次解惑。道者道德、德性、德行或品格，也就是以身教為主，以德育為主，使得學生先在師德之陶冶熏習下，養成一個完美人格的基礎之後，其次才可談到授業和解惑。否則學而無品、學而無德者的處身於社會，不唯無益於社會，且將成為社會之毒。但是今日社會的教育，求學的人，固不希望學道，教育的人，亦多無道可傳。所以師弟之間的關係，沒有情誼，沒有恩惠，所有的只是經濟價值的各取所需。

在佛教，佛弟子一開始學佛，便成了三寶弟子，對於佛法與僧，即須執弟子之禮。學佛的目的，是在求法，是在學道。法由僧說，道由僧傳，所以佛陀入滅之後的佛教，雖稱三寶，但三寶之總持，三寶之代表，三寶之主體，全部結集於僧寶之中。故此皈依三寶，而以三寶為師，實際上則以僧寶為師，學人之執弟子禮的實際對象也在僧寶，可見僧寶之地位，也就是導師的地位，僧寶的尊嚴，也即代表了三寶的尊嚴。因此，僧寶之在佛教中，應該是極其神聖也極其崇高的。不過，皈依佛教，要向僧寶執弟子禮，要恭敬供養僧寶，目的是在學佛，是在求學成佛之道。成佛之道的道行的具體表現，乃是戒、定、慧的三學。那麼，戒是什麼？定是什麼？慧是什麼？戒是不行惡，定是放得下，慧是看得透。然而，我人之學佛，並不是從看得透開始的，而是從不行惡開始的，如果既在為非作歹，又是利欲熏心，哪裡還能看得透事物之真理所在呢？所以僧寶之為人師表，首要工作不在其他，乃在個人之德行——戒行之表現，以身示範，不唯消極地諸惡不作，更要積極地眾善奉行，然後則持之以定（放得下），示之以慧（看得透）。由於僧寶之能戒、能定、能慧，僧寶導之於前，學者自可隨之於後。這是什麼，這就是傳道與學道之相互為禮，彼此為用。傳道的人，必先有道可傳，及其傳道的對象；學道的人，必先有道可學及其學道之依準，師弟之關係，端在道之授受。是情誼的感通，也是理智的交融。否則的話，此一師弟之關係，便不能落實。如果說學人之學佛，目的僅在聽法，僧寶的責任僅在說法，學人為了聽法，所以供養僧寶，僧寶為了利養，所以講經說法，僧寶可以不負身教的責任，學人可以不學僧寶的行為。那麼，僧寶變成了播音器，學人變成了錄音機，還有什麼成佛之道可言？同時，人若言行殊途，他的言詞，也必無從達意，沒有在行持中所得佛法的體驗，他所說的佛法，也就無從著力，無處落實。

二、師僧

根據佛法，比丘雖不即是導師的意思，但是出家而現僧相者，即為僧寶之一，即是學佛者的師表之一，故經中每以師僧並稱。僧伽之中，良莠不齊，雖在佛陀時代，亦是難免，但僧寶為佛教之中心，人之親近參學，固可有其選擇對象的自由，對僧寶的觀念，則應一視同仁。對於僧寶在衣服、飲食、臥具、醫藥的供養，原則上也該一視同仁。僧格之是否完美，那是其本身的問題，最低限度他之能現僧相，在學佛的進程上，已較在家弟子超前了一步。我們知道，諸佛菩薩成佛之最後階段，都是現的僧相，僧相之可貴也在於此。尤其既現僧相，必須學戒、持戒，學戒不能持戒，稱為犯戒，犯戒的人便是知法犯法，知法犯法者所感的惡果報應，將比沒有學戒者為深為重，為久為大。可見現了僧相，徒有僧相之表，沒有僧格之實者，所要付出的代價也是大得驚人的。同時菩薩以眾生為福田，眾生則以僧寶為福田，我人種田，只要有田可種，只要種子不壞，自然會有收成。佛陀之要如此說法，目的並非為了袒護那些犯戒的僧人，而是希望維持整個的僧寶。如果在家學人只對大善知識如佛陀這樣的人，才予恭敬供養，其他行持威儀均不足與佛陀相比的比丘，便不予理睬，那麼佛陀的弟子，都將無法生存，佛陀滅後，也將不再會有僧寶的存在。但是，沒有僧寶，佛教也就無從住世，無由化世。因為人的習性，總希望有一較好對象的選擇，那麼德學超群的比丘，固然不乏來自四面八方的供養，而初出家的人，卻要受寒挨餓了。然而，德學超群者乃是其功行漸進累積的結果，卻不會沒有初出家時的平凡階程。如果只敬仰供養其德學超群的結果處，忽略卑視其平凡階程之起步處，此種心理，實似一種趨炎附勢的阿諛態度。

當然，這是一種理論、一種觀念，要使其成為完整的事實，則不無許多實際上的困難。這在南傳的各地可能已經做到，在中國則不然。中國的佛教，固有少數的大德高僧，受著在家弟子們的恭敬供養，但絕對多數的僧眾，不是依附大德高僧，便是依靠寺廟的財產，更有許多是靠經懺佛事來維持，也有依靠香火者，但多不是以一師表之尊，而去接受信施的供養。因為能夠知道敬僧、供僧者，固不太多，能夠自以師表之尊而去自尊自愛、自持自守者，也不太多。其實，如果是以真誠之心求法，真誠之心行道，真誠之心護法的在家人，他便會不棄良莠賢愚，對於一切僧眾，事之以師，敬之以禮，供之以生活之所需。如果是以真誠之心出家，真誠之心修習，真誠之心嚮往成佛之道的僧眾，他便會自尊自愛，自持自守，雖不必自以師表之尊自居，他人亦會敬之以師禮，供之以所需。可知兩者之中，只要能有其一是真誠學佛者，師弟之恩義，便可建立起來。

三、互為師弟

師弟之道的範圍很廣，在家學者對出家僧人的關係，自是師弟之道的一種，出家僧人對於出家僧人的依止受教的關係，也是師弟之道，即在家人與在家人間的傳授教學之誼，也是師弟之道的一例。如果擴而推之，充而大之，則人與人間之相與相契，無一不是師弟之道了。韓愈說：「弟子不必不如師，師不必賢於弟子。聞道有先後，術業有專攻。」我們更可進一步說：師者師其先聞，學者學其專攻；師者不必定於師之一尊，學者不必限於學之一位；師可以為師，弟子亦可以為師；弟子可以為弟子，師亦可以為弟子。相互為弟子，以此教學相長，共為師友，亦師亦友，即友即師。所以我們常常聽說：「三分師徒，七分道友。」沒有成佛，誰都不敢承認自己的一切，都已學到了家。必須常存一種虛懷若谷之心，不恥下問。所以孔子要問禮於老子，問官於郯子，問樂於萇弘，學琴於師襄；而要入太廟每事問，要說稼圃種植之道，吾不如老農老圃。

根據佛教的律制來說，師永遠是師，弟子亦恆久為弟子，和尚與阿闍黎，不會再成為弟子的弟子。比丘不會再成為沙彌的弟子，出家人也不會再成為在家人的弟子。這是法統也是倫理，正如既為父母者，絕不會再成為其子女的子女一樣。但是，在學與道的面前，卻又未必如此了，佛陀時代有的老比丘，無知無學，所以要向少年比丘學，除了不禮少年比丘足，一切均以師儀相待。佛也許可須達長者教新學比丘，五通居士教比丘尼，比丘可向沙彌學，也可向比丘尼乃至沙彌尼學。此正如兒子為大學教授，父亦未嘗不可從之聽課一樣。可見師弟之道的互為師弟，亦不逆於父子之倫。其實師者範也，師者表率也，人之徒有師名，而無師實，自己亦須反問於心：我之足以為人模範，為人表率者，究竟有幾？孟子嘗以人之好為人師，乃為人之大患，為什麼呢？因為實不足以為人之師，而自以為足為人之師表，如果他人不察，真去依之為師，那麼只有一個結果：自己不好，也訓練出更多他人的不好，這樣下去，豈不是人類的大患！所以我人出家，不必計較他人的稱呼，若有他人以師相稱，自己當起一種省察自愧之心；不被人稱為師，亦當起一愧為僧寶及有負僧相之心。相反地，自己足為人師者，往往不以師心自居，且有一謙恭之忱，雖不受知於人，仍可自得其樂。因為我實不夠為人師範，他人誤以師稱，我也不會名實相符，如果實足為人師範，他人有眼不識，我也不會有所損失。

四、師弟相待應如父子相契

所謂師弟之道，應該是師弟雙方建立起來的，師弟雙方各守其分際，各各反身自問，站在個人尤其是佛教學人的立場，處處要以弟子的身分自居，也處處要以師表的身分自居。所謂上求佛道，下化眾生，上求之時，我是弟子，下化時，我又是師表，所以我們要有弟子的孝順恭敬之心，也要有師表的慈悲仁厚之心。事實上，一個好學生，必可成為好老師；一個好老師，也必經常是個好學生。因此，教學者，亦教亦學，不但向書本學，也得向學生學。所以眾生以三寶為福田，諸佛菩薩又以眾生為福田。站在自己的立足點上看出去，他人向我學的，實在不多；我向他人學的，則的確不少。我要學的是他人的長處善處，他人要向我學的，也是長處善處，故我應該常常自問：我有多少長處善處去讓他人來學？他人的長處和善處，我又到底學得多少？因此，我對我的弟子，要生一種慚愧心，我對我的師友，要懷一種恩義之情。

在儒家的五倫之中，沒有師弟一倫，原因是師弟的倫理關係很難分得清楚。師弟之誼，有同兄弟，有同朋友，也有同於父子的，但看師弟之相處相契的程度如何而定。最親切、最深沉、最著實、最可愛的，莫過於父子之恩情，所以師弟相得而達最高境界時，便同父子一樣了。我們知道，孔子當時最喜歡，也最值得他喜歡的弟子，便是顏回，故孔子與顏回之間，便是一種父子的情分了。我們看《論語．先進篇》：「顏淵死，門人欲厚葬之，子曰：不可。門人厚葬之。子曰：回也，視予猶父也，予不得視猶子也，非我也，夫二三子也。」顏回將孔子當作父親看待，孔子也願意將顏回當作兒子看待，可是孔子的其他幾個弟子，為顏回舉行了隆重的葬禮，卻不像是孔子的兒子了，所以孔子非常難過。這是師弟若父子的一個明證。在佛教，我們更可發現很多類似的例子，佛說：「弟子於師應如父想，師於弟子應作子想。」師當愛護弟子，弟子當敬事於師。佛陀等視一切眾生如羅睺羅（佛的兒子），佛為四生（胎生、卵生、濕生、化生）慈父，佛陀常稱諸大弟子為法子。佛為法王，因稱文殊菩薩為法王子。所以我人一旦皈依三寶，就要生孝順、供養、信仰、禮敬之心，所以要稱三寶弟子為佛子，亦即三寶之子。那麼，父子的情分是怎樣的呢？孔子說：「父為子隱，子為父隱，直在其中矣。」父子之間，不得互宣其醜，不得相揚其惡。佛教的《梵網經》上則說：「菩薩見外道及以惡人一言謗佛音聲，如三百鉾刺心。」《涅槃經》上說：「一闡提輩……沒三惡道……喜說法師過失故。」又說：「菩薩摩訶薩雖見眾生諸惡過咎，終不說之……恐生煩惱，若生煩惱，則墮惡趣。如是菩薩，若見眾生，有少善事，則讚歎之……令諸眾生，發阿耨多羅三藐三菩提心。」因為佛教在三世因果、六道輪迴的原則下，確定眾生之間無始以來，乃是互為師弟，也是互為父子的，所以我們對三寶、對佛法，固有一孝順之情，固不忍聽到他人的誹謗與自作誹謗；對一切眾生的過失，也不忍心去說，否則的話，既傷自己的悲心，又會引起眾生的下墮惡道之因（煩惱）。所以〈普賢菩薩行願品〉中要主張：隨喜功德與恆順眾生。我們學佛的人，不但對於三寶，要起孝順之心，即對一切眾生，都該存一感恩之念與孝子之心。我們雖也嘗為眾生的師友與父母，但卻應以父母之懷化為孝子之心，去順事眾生，在關懷愛顧之中，常帶一供養恭敬的虔誠，庶幾不落於施恩者的盛氣凌人。

五、師當如師，弟子當如弟子

在佛典之中，稱呼諸佛菩薩及弘化住持佛法的人，有時為導師，有時為法師，有時又為善知識，以及禪師、律師、經師、論師、和尚等等，現在且將目前流行的幾個名詞介紹一下：

（一）導師：稱為人天導師的，只有成了佛的人才夠資格，但是導師的身分卻並不限於佛陀，只要能夠負起引導善化指迷的責任者，都可稱為導師，所以並不限於出家人方可為導師，在家人之有引導善化指迷的能力者，也可稱為導師。

（二）法師：這是我們目前叫得非常順口的一個名詞，但願我們對它有些認識才好。《法華經．序品》：「發大乘意，常修梵行，皆為法師。」嘉祥《法華義疏》：「以人能上弘大法，下為物師，故云法師。」《三德指歸》卷一：「精通經論曰法師。」《因明大疏》卷上：「言法師者，行法之師也。」《十住毘婆沙論》列有法師四法：1.廣博多聞，能持一切言辭章句；2.決定善知世出世間，諸法生滅之相；3.得禪定智，於諸經法隨順無諍；4.不增不損，如所說行。《華嚴經疏．十地品》列有法師十德：1.善知一切諸法句義，2.廣為眾生宣揚妙法，3.隨眾問難悉能解答，4.說一切法相續不斷，5.隨順機宜說大說小，6.以法隨機令如法行，7.行住坐臥威儀無缺，8.發勇猛心精修善法，9.攝化眾生無有懈倦，10.修忍辱行成無生力。這些教條式的引證，非常枯燥，但是我們可以從這裡面得到一些知識，讓我們知道所謂法師者，究竟是怎麼一回事了。

（三）善知識：所謂法師，好像只有出家的大善知識才可稱得上，但是善知識者，卻不一定都是出家的僧寶，諸佛菩薩，現種種形，化種種身，都不失為大善知識。所以它的範圍很廣，如《涅槃經．光明遍照高貴德王菩薩品》：「善知識者，所謂佛、菩薩、辟支佛、聲聞、人中信方等者。」什麼叫作善知識呢？《涅槃經》說：「善知識者，如法而說，如說而行……自行正見，教人正見……自修菩提，亦能教人修行菩提……自能修行信、戒、布施、多聞、智慧，亦能教人信、戒、布施、多聞、智慧。……不求自樂，常為眾生而求安樂；見他有過，不訟其短，口常宣說淳善之事。」真要做到如此的要求者，實在很難，所以佛陀又說：「我為一切眾生真善知識，非舍利弗、目犍連等。」「雖有舍利弗、目犍連等，不名眾生真善知識。」可見，所謂善知識者，並不容易，佛弟子中，舍利弗智慧第一，目犍連神通第一，都不能稱為真善知識，何況是些等而下之的人呢？無怪乎持律謹嚴，學問廣博，雖如弘一大師那樣的人，他在福建弘法期中，還說自己：「冒充善知識，受了許多善男信女的禮拜供養，可以說是慚愧已極了。」（《弘一大師演講集》）

以上三條的引述，是說明為人師者所應具備的一些條件。至於做人的弟子，並且以學者自居的人，應該怎樣才算略盡弟子之道呢？《佛說忠心經》：「道成乃知師恩，見師即承事，不見者思惟其教誡；如孝子念父母。」四十卷的《華嚴經．入不思議解脫境界普賢行願品》：「求善知識，勿於身心而生疲倦；見善知識，勿生厭足；請問善知識，勿憚勞苦；親近善知識，勿懷退轉；供養善知識，無令間斷……於善知識所有功德，不應疑惑……見善知識隨順煩惱行，勿生嫌怪。」我們又在《涅槃經》中看到，佛在往昔生中，行菩薩道，尋求佛法之時，他枯坐林中，忽聽有聲唱出兩句：「諸行無常，是生滅法。」當他聽了之後非常高興，因為他從未聽過這樣微妙透徹的道理，他想繼續再聽下去，卻聽不到了，他睜眼四顧，原來是一位面目猙獰的羅剎惡鬼。佛陀請他再說下去，那位羅剎惡鬼，竟說他已餓極，希望能有活人可吃。佛陀立即答應，只要有法可聽，聽了佛法證了果，再捨此一血肉之軀，又有何妨？那位羅剎惡鬼便接著說道：「生滅滅已，寂滅為樂。」當然，那位羅剎惡鬼，是善知識化身，不會真的吃掉佛陀。另外還有許多，佛在往昔生中為求佛法，不惜身為床座，不惜捨去一切頭目血肉與身軀四肢的種種實例，在此不作多舉。因為佛法難聞，能夠教我以佛法，就是我的大德恩人，我們不是去求大德恩人的過失，而是去求他所能說的佛法，正如蓮花生於汙泥，我們欣賞的不是汙泥，而是欣賞從汙泥生出來的蓮花。

總之，師弟之道是雙方面的，人人互為師弟，並不是在互求瑕疵，互求過失，而在互求諒解，互求彼此的善道，長養彼此的善道。所以《阿難問事佛吉凶經》要說：「師弟之義，義感自然，當相信厚視彼若己，己所不行，勿施於人；弘崇禮律，訓之以道；和順忠節，不相怨訟。弟子與師，二義真誠；師當如師，弟子當如弟子。」各自站在自己的本位上，自求如師，自求如弟子。自己是師表的身分時，自問是否已夠師表的資格？若是弟子的身分時，則要自問，是否已盡弟子的孝道。人人都向自身求過，向他人求善，才會建立起和敬可樂的師弟之道。

六、師弟的類別

世間一般的師弟，並無類別可分，佛教的師弟，則有許多類別。一個出家的比丘，有兩種師：親教師（戒和尚）與軌範師，軌範師又分屏教師、羯磨師、教讀師、依止師、十戒師。屏教師與羯磨師是受戒師，教讀師是教授經論與律之師，依止師則為依止而住之師。教讀乃至僅僅一偈或四句，依止而住乃至僅僅一夜，即為其師。未滿五夏或滿五夏而不知律，均須隨親教師而住，若離親教師，則應隨處而求依止之師，終身不知律，終身不離依止。事師之禮，完全相同，唯見親教師，即離依止師。師有過失，弟子亦應相諫相勸，否則得罪。弟子有過，師應善教，師不如法教弟子，師則得罪。如果只貪弟子利養，而不如法而教者罪過是很大的。

（《今日佛教》三十九期）

由我受了沙彌戒說到戒律問題

從今（一九六〇）年農曆六月十二日上午開始，我總算是個合法的出家人了。

一、出家與受戒

說來真慚愧，也真罪過，我雖早在十來歲時，已經披剃出家，做過幾年經懺，也受過幾年的僧伽教育，但我始終沒有一個受戒的機會。民國三十七年（西元一九四八年）春，上海龍華寺開戒，我請示師父，師父以我年齡不滿二十歲，不合法，故不准受戒。其實，近世以來，各戒期中，不滿二十，即予具足的，已比比皆是，那不過是師父的一個藉口而已，唯恐徒弟受了戒，羽毛豐滿，展翅而飛。事實上，我雖沒有具足，當時已經離開小廟，就讀於上海靜安學院。最後，不但離開了師父的小廟，也離開了靜安學院，離開了大陸，隨軍到了臺灣，這也可說是我「叛逆」行為的最大表現，但我仍以此一「叛逆」而感到慶幸。否則今天的我，不知會是什麼樣子了。

我在靜安學院時，為了隨眾，早晚上殿堂，以及經懺佛事，照樣搭七衣並持具，尤其當時的學院規制比較方便，所以我雖冒充，卻少有人知道，但我也不知道那是一種犯罪的行為，是盜法、是賊住！如今看律，回想起來，不禁驚恐失色。我那小時披剃的常住，對我雖無多大的栽培，但飲水思源，我之能有今天，能在軍伍十年之後，仍然走上出家的道路，實在還是種因於小時第一位師父及師祖的接引。故直到目前為止，我雖違背他們的意向而離開了他們，但我依舊懷念著他們，正如我的離開父母，並非出自父母的主動，但卻不能忘懷父母的恩德。正因為我的恆不為恩義之所纏裹，故對每一恩義，恆能抱一由衷的懷念。

出家受戒，在佛陀的時代，本來是一回事，如果有人向僧團中求出家，出家披剃之後，僧團證明，便是具足比丘。至於沙彌戒，由羅睺羅出家開始，小兒出家，什麼禮儀規矩都不懂，所以不能具足，因此先要經過一個時期學習的階段。小兒出家不能做什麼，只能趕趕偷吃食物的鳥雀，所以由七歲到十三歲的出家小兒，叫作「驅烏沙彌」。十四歲到十九歲，已可合乎學法的要求，故稱「學法沙彌」。這一階段，主要是在學習僧團的生活以及出家人的威儀，所以在此期中，雖為沙彌，僅受十戒，但是比丘威儀，都該學習，這在「沙彌威儀」中，可以看出。到二十歲的年齡，應該是具足比丘戒的時候，然如因緣不足，證師不夠（受沙彌戒須二比丘授，比丘戒即使在邊地亦不得少過五比丘授），或其他緣故，而不得受比丘戒的，仍然先受沙彌戒。不過，有別於二十歲以下的沙彌者，稱為「名字沙彌」。因此，依照佛陀的當世，人之出家，不滿二十歲的，必須先受沙彌十戒，已滿二十歲的，沙彌戒與比丘戒，可以連接秉受。

至於我國內地佛教，各小廟帶了小和尚，除了送去戒常住受戒之外，絕少先受沙彌戒之事例，所以自明代以後各處開壇傳戒，也以沙彌戒、比丘戒、菩薩戒，三壇一期授完為原則，事實上，流弊缺點，不如法處，也就因此叢生。

一般人，往往在剃光腦袋，穿上「僧服」（其實是漢裝）之後，便自以出家人自居，他人也以出家人相視。實際上，剃頭改裝不受戒，只是一個光頭白衣，剃髮居士，哪能稱得上出家人？

二、戒和受戒

在佛陀時代的印度，宗教風氣普遍，直到現在仍是如此。各宗教都有他們各自的戒律，比如五戒：佛教有，婆羅門教、耆那教、瑜伽派也都有，只是大同小異，尤其是殺、盜、淫、妄四戒，幾乎是各種宗教共同遵守的軌範；其在威儀方面，也都大同小異。我們知道，跟隨佛陀出家的群眾，絕大多數是來自三迦葉、目犍連、舍利弗等的外道弟子，以及釋迦種的貴族，即使少數賤民，他們未曾皈依佛陀以前，也有他們的宗教信仰。正因為原來就是宗教徒，就有他們的宗教生活，所以一旦改奉佛教，奉佛戒律，自也並非難事，尤其是根器深厚的聖弟子們，一出家便得聖果、證聖位，便與道共戒或定共戒相應。所以他們不必經過長時間的學律階段。但到佛滅之後，尤其到中國，律書多了，律義繁了，加上中國的社會，缺乏宗教生活的基礎，要想一進佛門，便可比丘具足，實在是件難事。特別是一般後世的小廟，師長不知戒律為何物，自己不解不持，他們的子弟，也就無從知解，無從受持。等到子弟稍長，送去戒壇受戒，算是了卻一樁心事，表示小和尚已經成人了，受戒回去，便以成人身分看待，除了這一俗情的意義，毫無受戒的本質可言。同時，小和尚受戒之先不學律儀（也有的例外），同時戒經規定，不受大戒不得聽律，不得聽，自也不得看，受戒期中，僅僅三、五十天，但使熟背二百五十條文的戒本，已不容易，要他們逐條遵守，生死不渝者，恐怕千萬不得一。再說，戒期圓滿，戒牒到手，返回小廟之後，戒本也將束之高閣，甚至終身不再翻閱。像如此的受戒，究有多大的意義，實在很難評斷。以此看來，我沒有草草了事地去提早受戒，倒是一件幸事。無怪乎弘一大師要說：「從南宋迄今六七百年來，或可謂僧種斷絕了，以平常人眼光看起來，以為中國僧眾很多，大有達至幾百萬之概；據實而論，這幾百萬中，要找出一個真比丘，怕也是不容易的事。」弘一大師，持律謹嚴，但他自驗，他連沙彌的資格還夠不上，僅是一個多分的優婆塞而已。為的是非真得戒，不得傳戒。所以明代紫柏大師，雖嚴以律，然猶終身不傳戒，乃至是沙彌十戒。明代蕅益大師，晚年勤研以律，故畏而捨比丘戒，在佛前禮《占察懺儀》，求得清淨輪相，拈得沙彌菩薩戒；因此他的兩大出家弟子成時與性旦二師，連沙彌都不敢稱，而退以優婆塞自居。另有人問壽昌禪師：「佛制比丘，不得掘地損傷草木，今何耕種芸獲？」壽昌的回答是：「我輩秪悟佛心，堪傳祖意，指示當機，令識心性耳，正法格之，僅稱剃髮居士，何敢當比丘名。」

根據律制，不得戒不能傳戒，證師之中僅僅一人或數人得戒，餘不得戒乃至有一人的戒不清淨，戒弟子也就無從得戒。但是真要如此認真，中國的佛教無真比丘，或真比丘的數字不夠，便不能傳戒；不傳戒，佛門之中的出家僧眾，也行將絕跡；僧眾絕跡，佛教也就無由住持，無從生存了。所以近世傳戒雖不如律，傳戒的佛事，仍需有人來做，方便做去，只要不太離譜，仍有大功大德。

我們讀明代讀體大師見月老人的《一夢漫言》，當時受戒之難，實在難以言宣，講師雖多，傳戒則非律師莫辦。見月老人為求比丘戒，為求律師傳戒，當時只有南京古心律師，中興南山律儀，但已涅槃，他的法嗣三昧和尚大弘毘尼，然又山水萬里，旅途艱難。見月老人那時只有三十二歲，所以發大心願，不惜跋涉萬里，也要求受比丘大戒。但是當他到了江南杭州，又聽說三昧老和尚去了五台山，趕去之後，又因無衣缽，見了三昧老和尚，仍不敢說是去求戒，僅得數語開示，隨即禮謝他去。後聞三昧老和尚到了北京，便又趕往北京，但因兵亂，便復南回。因此他的同道覺心師喟然曰：「我等自滇而南，自南而北，今復自北而南，往返二萬餘里，徒勞跋涉，志願罔成。」這種為道尋師的苦心苦行，我們讀了，也不禁為之潸然淚下。直到他三十六歲那年，三昧老和尚已出北京，到了揚州府石塔寺開戒，求受比丘大戒，才算如願以償。也許正因為當時受戒之難，所以當三昧老和尚，受請住持南京寶華山，見月老人擔任教授及監院職乃至住持之後，後輩受戒，也就容易方便得多了，但是一到後來，竟又變成了徒有其表的形式而已了。這恐不是三昧和尚及讀體大師的始料所及！

憑良心說，如今受戒，無論比丘、比丘尼戒，都是不如法的，但在這個無可奈何的末法時代，雖不如法，雖不能真正得戒，受戒這一形式，還是需要，最低限度，在受戒之時，也可徹底懺悔一下。好讓新戒的自心清淨一番，雖不得戒，但可得一安心，也可種種善根。受戒是在至誠殷切地懺悔過往罪障，策勵未來的道業，所以我還是希望受戒。

三、我要受戒

談到我受戒的經過，不妨將這次出家的因緣順便說一下。

自一九五八年春天開始，我的背部便感到疼痛，一病年餘，中西醫藥罔效，各種科學方法的檢查，例如：照X光片即達十六張之多，仍未查出病源。到一九五九年六月，身體衰弱不堪，身高一百七十二公分，體重只有四十八公斤半，所以請准病假休養，同時也著手辦理退役的手續，承長官的愛護及現在的剃度恩師東公老人等的協助，總算如法如願地脫離了軍人的身分。我以小和尚的身分，隨軍來臺，來臺之後，雖處軍旅之中，卻未有過「還俗」的意念。所以一旦離開軍中，仍然回到原來的崗位。最初有些師友向我建議：你是出過家的，你也有你的剃度師，這次回來，自可不必疊床架屋，再找一頂師父的帽子戴在頭上；正像其他服役的青年法師一樣，過了一個時期軍人生活，兵役期滿歸來，仍不失為法師。但我考慮再三，我雖有過師父——現在也不否認那位師父，然我沒有受戒，即使受了戒，處身軍中十年，也該視同捨戒還俗。小時出家無知，現在再度回來，不能繼續糊塗了，故我決定，一切重新開始。同時以我的看法，剃度師者乃是度我出家的慈航，怎會成為我的帽子？

至於受戒的問題，師友們見了面，每每問我怎麼打算？若以我曾於僧團中住過幾年的經歷來說，即使不再受戒，一切律儀，也未必見得比時下的其他新戒差得太多。但不受戒，又與佛制不合。人家稱呼我為法師，我固不足稱為法師，竟還是個光頭白衣，因果怎敢承當！所以有人主張我受一個改良戒，還回佛陀時代的原始面目，不拖時間，也不鋪張；不必唱，只要念；不繁複，求簡要；不必種種儀節，但求殷切莊重，請到三師七證，即可受戒具足。這在於我，當然是非常贊成的。可是經過數度的研究，特別是恩師東老人的開示，又覺得改良戒雖好，所負的責任太大。如果我來開頭，勢必有人效尤，如今的受戒，雖不理想，但在個把月的戒期之中，總還過的是僧團的生活，總還可以學到一些威儀，聽到一些道理。如果大家連這一點點熏習的機會都沒有了，一剃光頭，便可具足，具足之後，各處小廟之中，更無僧伽生活的熏習機會了。那麼，除了服裝之外，出家人與在家人的不同，也就很難分別了。果真如此，未來的佛教，還堪設想嗎？我是首創弊端的人，我的罪業，自也更加不堪設想了。所以改良戒一案，還是留待以後從長計議。

但是，我對受戒的要求，一天比一天地迫切起來，一方面，我在主編《人生》雜誌，不得不與各方的作者與讀者之間取得書信的聯絡，師友們來信多以法師相稱，實質上我還是個白衣，所以此一法師的稱謂，也成了我良心上的負擔。其次，有些虔誠的長者居士，見了面便是頂禮，有一次有位老居士來訪，他向我頂禮，我覺愧不敢當，故也陪著他一同頂禮。事後他說：這是不可以的，法師還禮居士，居士豈不招罪？但我怎麼說呢，因我也僅是個服飾不同的居士而已。再次，我雖不再希望替人家做經懺，我住的中華佛教文化館，也不是經懺門庭，但是由於多方的關係，每月之中，總還有著少數幾堂佛事的應酬。我是常住的子弟，常住有佛事，豈可不做？然而每做佛事，大家都搭衣，獨我一個，自也不能例外。這是極其罪過的事了，我在明知故犯，明目張膽地自欺欺人，自盜盜法。我每搭一次衣，必受一番良知的譴責，必向佛前懇切地懺悔，我真不知究竟是什麼業障，使得我三番兩次地犯罪盜法？

四、終於受了沙彌戒

當我將這些感觸稟告恩師東老人之後，東老人非常慈悲，開示我說：「受戒要待因緣具足，如今沒有聽說何處準備開戒，為求權宜之計，我想你先去受一個沙彌戒罷。若去請求臺北華嚴蓮社智老和尚，或許可以慈悲的。」

終於智光老和尚慈悲了，但是受沙彌戒，必須於說戒的前一晚上，先做懺摩，智老和尚希望我的恩師東老人替我先做這堂懺摩的佛事。東老人看了初壇的文疏之後，發現懺摩是要唱的，而且儀文很多，不是一個人可以做得了的，所以不便馬虎了事，示請新店竹林精舍隆泉老法師慈悲成就。

我真感激極了，這些長老們，都對我非常慈悲，我去竹林精舍拜見證蓮老和尚及隆泉老法師之後，他們一口答允：「你既能夠發心，我們應該成就。」那天是農曆六月初八，約好十一日晚上帶了海青去做懺摩。

農曆六月十一日，天氣非常燠熱，晚飯之後，懺摩儀式照樣進行，隆泉老法師，黃鞋、黃袍、紅祖衣、展大具，並請佛聲法師及慶規老和尚站班引禮，持誦唱念。唱完〈戒定真香讚〉，在三遍香雲蓋，禮佛三拜之後，我的內衣褲已因流汗而濕透，壇上三師，也是汗流如注，這使我非常感動。接著長跪合掌，傾聽上隆下泉阿闍黎朗誦：大德一心為弟子聖嚴……，一一懺悔，而到同唱「往昔所造諸惡業……」時，我渾身都在流汗，眼中也在流淚。隆泉老法師，一字一句，念得非常清楚，音調極為殷重，好像每一音節，都能激動我的脈搏，啊！這樣的情境，有生以來，要算是第一次經歷了，以往參加許多佛事，從未有過如此微妙和痛切的感覺。好像只有當時的我，才真正地投入了佛陀的腳下，感到了佛陀的真實性和存在感。後來我想，出家人為何一定要懺摩、要受戒，理由即在於此了。

十二日一早，懷著清涼輕快的心情，到了臺北市華嚴蓮社，早餐後，由成一法師布置戒壇，並也由他引禮站班。上智下光老和尚隆重禮佛登座畢，我即長跪合掌，靜聽開示，繼而隨聲迎請諸佛菩薩，護法聖眾，降壇護戒。一迎請我即一禮拜，迎請禮拜之時，我又噙淚欲滴了，因為這時的氣氛，極其莊嚴肅穆。接著說戒、講戒、搭衣、展具。沙彌戒的佛事才算圓滿。佛事終了，雖只上午九點，但因天氣悶熱，老和尚與成一法師，已是一身大汗。如此熱天，穿單層衫褲猶覺太熱，何況加上海青與衣，我又偏偏在此大熱天裡請求傳戒，對諸阿闍黎及戒和尚，我真不知如何感激才好。

受戒歸來，搭衣持具拜禮恩師之後，我第三次流淚了，因為我想，我今年已三十，已是兩度出家，到此為止，才真是個合法的出家人，出家容易，要成為一個出家人，又何其難呢？再說，我雖受了沙彌十戒，今後的歲月，能否受持，則又有頗多的問題，因以弘一大師，畢生弘律，也只自稱多分優婆塞，何況是我？如果徒備受戒之名而無持戒之實，不但有負佛教，也該愧對此番出家的初衷。前後思惟，兩顧茫然，自主毫無把握，能不愴然淚下。我不是一個善於流淚的人，但到如此情境之下，竟又抑制不住。

五、中國佛教的戒律問題

但是，目前的中國佛教，對戒律的問題，還有許多地方，急待解決。憑良心說，中國的佛教，自來精於律行的高僧，在比例上總是占的少數。事實上，律本之中，有些條文適合於佛陀時代的印度社會與印度民族，未必適用於今日的時代社會與中國民族。佛制受戒出家，捨戒還俗，一人在一生之中，可以數度出家也可以幾次還俗；佛制半月半月誦戒，犯了重戒逐出僧團，犯了輕戒如法懺悔。中國佛教半月半月誦戒，僅限少數道場，誦戒也只徒有具文，佛陀時代的白眾懺悔，那種真誠坦率的風氣，已蕩然無存。但是佛陀入滅之時，告誡弟子，後世當以戒律為師，復興佛教，重振佛教的宗教精神，似也捨去弘律莫由。本來，戒律之中包含德行及威儀，出家之後必須學戒、持戒，乃是理所當然的事。一個宗教徒之成為一個不同於非宗教徒者，端在其舉止行為之中表現出，如果不學戒而想成為一個卓越的宗教家，那是很難的。我很慚愧，不足言戒，冒昧寫來，已有褻瀆之嫌，鑑於戒律問題的嚴重，雖不敢說，已經說了如許，願諸精於律學的大德，對中國佛教的戒律問題做一番整頓與改進，否則苟安因循，終究不是辦法。

（一九六〇年七月十五日於北投，《人生》十二卷八期）

受戒燃香是必要的嗎？

相信當我寫了這個問題的見解之後，不贊成燃香疤的人會反對我，贊成燃香疤的人也會敵視我，因為我是既是贊成，但也反對。

依照一般以訛傳訛者的想法，認為受戒與燃頂香，是一體的兩面，根本就是一回事。如果受戒而不燃頂，此一受戒的身分，簡直無法得到多數人的承認。並以為頂香燃得愈多，戒品也就愈高，因此有人以為沙彌戒燃香三炷，比丘戒燃香九炷，菩薩戒燃香十二炷。其實，小乘戒根本不許故意損傷身體，若故意損傷者，便是犯戒，《十誦律》中有明文規定，故意自斷手指者，犯惡作罪。既不許故斷手指，自也不許燃燒手指，至於是否能燒頭頂，自亦可以推想而知。所以西藏的喇嘛，沒有燃香的規矩，他們雖行的是大乘密教，雖也主張苦行；而南傳的小乘國家，根本無此見聞。那麼，沙彌與比丘戒，都是小乘戒，小乘戒並沒有燃香的行門。唯有大乘菩薩行，才有燃香一門。

燃香的最大根據，乃是《梵網經》，以及《梵網經》的諸家註疏。《梵網經》輕垢戒第十六條中說：「見後新學菩薩，有從百里千里，來求大乘經律，應如法為說一切苦行，若燒身、燒臂、燒指，若不燒身臂指供養諸佛，非出家菩薩；乃至餓虎狼師子，一切餓鬼，悉應捨身肉手足而供養之。後一一次第，為說正法，使心開意解。」

此一苦行，是教出家菩薩燒身、燒臂、燒指，是教出家菩薩捨了自己的身肉手足，供養餓虎狼獅子及一切餓鬼。

至於燒身供養諸佛的記載，除了《梵網經》，其餘大乘戒經，多無明文規定。但在其他的大乘經論中，倒是有的，例如《法華經》的〈藥王菩薩本事品〉，就有燃身供佛的記載，並且得到八十億恆河沙世界諸佛的同聲讚歎：「善哉，善哉！善男子，是真精進，是名真法供養如來。」天台智者大師，也在讀到此處，而得豁然大悟，寂而入定，親見靈山一會，儼然未散。可見燒身供養諸佛的功德，是不可思議的了。所以《法華經》的同一品中又說：「若有發心，欲得阿耨多羅三藐三菩提者，能燃手指，乃至足一指，供養佛塔，勝以國城妻子，及三千大千國土山林河池，諸珍寶物，而供養者。」

但是，我們應該明白一個事實：藥王菩薩之能行此苦行道者，已非一般凡位的初發心菩薩可比。他先服諸種香料而滿千二百歲，再以香油塗身，再以神通力願，而自燃身，燃燒之後，又經過千二百歲，其身乃始燃盡。

那麼試問：我們誰能有以神通力願而自燃身的工夫？誰能將此血肉之軀一燒便可燒上一千二百年呢？

至於為了求聞佛法，而能不惜捨身的例子，佛經中很多，所以《華嚴經．入法界品》普賢菩薩曾對善財說：「我法海中，無有一文無有一句，非是捨施轉輪王位而求得者，非是捨施一切所有而求得者。」但那都是忍位以上的菩薩，處身於沒有佛法的環境中，才是如此的。另外，自捨身肉手足，而去供養餓虎狼獅子、一切餓鬼，為的是慈憫眾生，並願以此捨身相飼的方法，來攝化接引他們，所以《梵網經》的同一條中，接著便說：「後一一次第，為說正法，使心開意解。」故而菩薩為度眾生，三千大千國土，無有一處不是捨身肉腦髓之所。菩薩為救飢民，可以變作一座大肉山，由人分割；可以化作大魚，由人取食；為救一隻鴿子，可以國王之尊，生割身肉以代。雖然鮮血淋漓，仍舊不以為苦。但此也是聖階的菩薩，才能做到。否則，既已捨身而飼餓虎狼獅子等在先，何得仍能「一一次第，為說正法，使心開意解」之在後呢？同時，未登忍地，即使有其捨身的大心，捨身之際，卻不能沒有痛苦的感受了。既在痛苦之中命終，命終之後的去向也就很難自主了。因為凡位的眾生，業障多於善因，定業重於願力，所以痛苦而不瞋者很少，瞋心而不墮者不多。故於《梵網經》的輕垢戒第三十七條，便規定菩薩不得故意到難處去，否則便是犯戒，難處之中，包括「國難、惡王、土地高下、草木深邃、師子、虎、狼、水、火、風難，及以劫賊、道路毒蛇」等等。這與第十六條所說，並不相違，那是指的聖位菩薩，這是指的初發心菩薩。聖位菩薩，捨身飼於虎狼，因他能夠攝度虎狼，初發心菩薩雖被虎狼連肉帶骨全部吃光，虎狼不唯不能得度，反因吃了行道的菩薩而業障更重。因此可知，捨身的功德及其精神是偉大的，但在初發心的菩薩，自己尚未站穩腳步，切莫輕言捨身，否則種了苦因，仍得以苦報來受，那是很不合算的事。

我們在佛典之中，可以看到捨身燒身的記載，即在《高僧傳》中的〈忘身篇〉及〈遺身篇〉中，也不乏其例。或為衛護佛法，或為度生悲願，或為功德的祈求，故其每能發生很大的作用，其中自有聖位的菩薩示現，然也不能說絕對沒有凡位的行者。但是這種法門，如果自己沒有把握，或者不到緊要的關頭，最好不要貿然使用，因為色身雖不值得重視，色身卻是修道的工具。如果功力不夠，慧力薄弱，一味貪著於功德的追求，便去燒身捨身，充其量只能生天享樂，樂盡還墮三塗，要不然還可能墮到魔王天去，那就更慘了。

再說到燃頂的行門，在佛典中，自亦不乏根據，並且不唯燃香，甚而尚有以刀剜去頂肉，灌注香油，以頭頂而做燈盞來點燃的。這種行門，的確可敬可頌，但也不是勉強得來的，如若虔敬之心不足，忍耐之力不夠，那是受不了的。同時，《梵網經》的規定，只是燒身、燒臂、燒指，也並未要人燃頂。或有解者以為頭是人體的最上部位，也是最尊貴處，所以用燃頂來象徵或代表燒身的意思，這一解釋，當然也有道理。不過我們必須明白一個事實，《梵網經》雖然要求出家菩薩，必須燒身、燒臂、燒指，並須捨身以飼獅狼餓鬼，但卻並未說明，凡受菩薩戒的比丘，必須首先燒身或捨身，若不燒身捨身，便不得戒。尤其並未規定在受菩薩戒前的出家人必須燃頂，才能得戒。所以燃頂這一節目，也不是授出家菩薩戒的必經過程。燃頂與正授戒禮，根本就是兩回事。如說出家人求菩薩戒，燒身捨身在前，受戒得戒在後，身既先已燒了捨了，還由什麼東西接納戒體呢？難道是受的幽冥戒嗎？如今燃頂，雖非燒身捨身，但此燃頂的根據，乃是同一源流。

我本人絕不反對燃香，但應出於各自的心願；在授出家菩薩戒之前，或在講解《梵網經》之時，戒場的戒師，開示戒子應行苦行，這是必要的。苦行的最大意義，是在體察此一有生之患，只要有生死，便有痛苦，痛苦則以燃火燒肉為最難忍，然而燒肉雖痛，死的痛苦比此更甚。為了警策行者不要樂不思蜀，而將生死大事棄諸腦後，並將眾生的痛苦，置諸不理，所以要燃香；為了表示並不貪著此一血肉之軀，若有必要，隨時可以捨卻此一血肉之軀，所以要燃香。有人說：燃香絕對不痛，如痛便是業障。這是存心的妄語！尤其要求一個求受菩薩戒的初發心者，燃香而不感覺痛，除非他是個再來人，否則就有些過分了。事實上，燃香的目的，不在使人感覺不痛，相反地倒是希望行者能夠體味一下痛苦的感受，使其對於自利利他的工夫上面，有所警惕。有人誤解燒身供佛的本義，以為佛菩薩喜歡接受我們用肉體來焚燒供養，所以燒身有大功德。倘若當真如此，佛菩薩之比諸血食的鬼神，也就高明不了多少了。其實，燃香供佛，並非供養身外之佛，而是供的自性佛，由於發心燃香，益加精進，對於成佛的階層，必將日漸接近，所以是供自性佛而非供的身外佛，諸佛之所以讚歎藥王菩薩燒身供佛，乃在讚歎其道心的堅固，苦行的偉大，並不是因為受了燒肉的供養而感到歡喜。佛是究竟圓滿了的人，佛還缺少什麼嗎？佛還需要我們以燃香燒身來供養嗎？因此，戒場對於苦行的開示，固然必要，菩薩戒前的規定燒香，則大可不必，若有發心燃香者，應加讚歎，如果不想燃香者，則不得勉強。燃香的時間，也不必規定，任一時間發心，任一時間皆可燃香，燃在頭頂固佳，燃在其他的部位，也未嘗不善。

當然，歷來戒場燃頂，並未「強制」執行，並且有的戒場規定只准燃三炷，竟還有人要求燃六炷與九炷的，戒師不許，新戒則有自動於私下加燃的，筆者便是在如此的情形下，燃了九炷。但是有些不願燃頂的人，在群眾心理與集體行為的影響下，便不得不跟著隨眾了。這有一個事實，可資說明。我有一位同戒，他本反對燃頂，後來因我在私下燃了九炷，他的師父問他是不是也願意燃九炷，他初有難色，繼而看看我的表情，似乎並不介意，於是他說：

「好罷，我也燃九炷。」這是我影響了他，但他以後有沒有埋怨我，卻不得而知了。

燃香非比燒身，痛苦究竟有限，即非聖位菩薩，未嘗不可實踐，但最要緊的，是在出於各自的真正發心。否則的話，教者與燃者，不但皆無功德，並且都有罪過。如說，一味肯定「若不燒身燒臂燒指，即非出家菩薩」，頭頂燃香，卻並不等於「燒身燒臂燒指」，菩薩自初發心的凡夫而至成佛，共有五十二個階位，不必要求凡位菩薩，事事皆向聖賢位者看齊。否則，《瑜伽菩薩戒本》可開七支罪，《攝大乘論》可開十惡，也跟著開嗎？非地上菩薩，那是不許開的。再說，沙彌受菩薩戒，也算出家菩薩，沙彌若於受菩薩戒前，若一燒身，固然連菩薩戒也求不成，若先燒臂燒指，而受菩薩戒，但又不能像藥王菩薩那樣，以大願力而使燒去的臂指復原，無臂與無指，竟又成了求受比丘戒的障礙了。

我不反對燃香，但我希望以後的傳戒道場，對於燃香一節，能夠加以考慮改良。我很贊成改革的作風，但卻不能同意過激的批評。有人說燃頂的動機是出於戒師的規定，燃頂的目的，則皆在於偽善虛榮及面子的鼓勵。這種批評，未免太過。勉強人家燃頂，固然不對，難道自願的燃香，也不許可嗎？難道就不承認宗教情緒的具體表現嗎？我們批評時弊，是對的，如要離開宗教的本位，便錯了。否則，與胡適罵佛教的羅漢、和尚、尼姑都不思做人，有什麼不同呢？

還有人做考據工作，以為和尚燃頂，是出於清代順治皇帝的殘酷通令。我不知道這有什麼信史可以做為根據，我卻可以證明和尚燃頂，並非始於清代順治的通令。明末崇禎六年（西元一六三三年）蕅益大師三十四歲，結夏安居，燃香十炷，自恣日更燃頂香六炷，得沙彌菩薩戒（見《靈峯宗論》）。這比順治元年（西元一六四四年），早了十二年。蕅益大師以前，燃頂者，自亦不無先例。可見和尚燃頂的苦行，並非始於順治的通令。

誠然，中國受菩薩戒的第一人，是東晉末年的道進律師，他以三年的時間，在佛前感發菩薩戒體，但也未見其有燃頂的記載。以後求受菩薩戒者，雖然鼓勵讚歎苦行的功德，卻也未有規定非要燃頂不可。所以今天的我們，不得貿然廢除燃香，也不必規定新戒非要燃頂不可。我寫此文，知我罪我，其誰人歟？

（《海潮音》四十三卷四月號）

論捨戒與還俗

在我國佛教史上，雖有好幾位人物，由僧尼還俗，例如：朱元璋還俗做皇帝，劉秉忠還俗做宰相，姚廣孝還俗做少師，武則天還俗做女皇。但是中國社會之對還俗的僧尼，總是不尊重，尤其是佛教界中對於還俗的僧尼不予諒解，實在是不幸。

正因僧尼的還俗，不受尊重，不得諒解，致使一些雖不能守持僧戒，甚至已經破了淫、盜、殺、妄——特別是犯了淫戒的出家人，仍然覆藏遮掩，不願還俗；即使因為知恥而偷偷地還了俗，還俗之後，便不敢在佛教界中露面了。

因此，我們必須檢討前者的不要面子，而應該同情後者的「不能見人」。前者是汙辱僧寶的敗類，後者起碼也可算是知恥的好人。

這一問題，太虛大師曾經寫過三篇文章，依次是：1.〈告青年苾芻之還俗者〉，2.〈尊重僧界還俗人〉，3.〈不能守僧戒還俗勿汙僧〉。（以上三文見《太虛全書》十七．六二五—六三〇頁）

但是直到如今，此一根深柢固的觀念，仍未有所好轉。我們見有犯了大淫戒的僧人，仍不肯還俗的；見有公然娶妻生子而仍披衣說法當住持的；見有因了情欲的逼迫，偷偷地還俗生子而不敢再到佛教界中露面的。

這是我們的社會，對於佛教教理認識不夠，對於基本人權未能尊重。特別是教內的人，甚至姑息犯戒而不還俗的僧尼，卻又不能原諒捨戒還俗的僧尼。因為不學戒律，對於戒律的知識太差，竟以捨戒還俗為恥辱，不捨戒而犯戒，倒覺得無所謂。

最大的原因，中國佛教的僧尼，沒有僧團制裁的約束與保障，所以形成了這種局面。

但是我要指出：居於僧尼本位，即當守持僧尼的戒律，若不能夠守持，應該立即捨戒還俗，僧尼犯了男女淫欲，便是破根本戒，犯一條當墮地獄九十二萬一千六百萬年。

除非是個不信因果、不信佛法的人，即當相信佛的戒律不是僅僅用來嚇唬人的。

身為一個出家人，不能守持根本四條戒，還算什麼出家人？

我們要知道，出家與在家的最大不同處，便是戒絕男女的淫欲行為。在五欲之中，以淫欲之樂最為殊勝，所以要發心出家，實在不是一樁簡單的事。但是在比丘戒的四大根本戒中，卻以盜戒最難守持，淫戒當算其次，凡是不與而取，過了五磨灑的價值，即成大盜，破根本戒。大淫戒卻要男女既成相交的事實，才能構成破根本罪，只要能夠稍加自持，淫欲心起，即予克服，犯大淫戒是不太容易的。

然而，僧尼犯戒的最易受人注意者，卻又是淫戒，煩惱最難克服的，也是淫欲。由於生理上內分泌腺的刺激，如再加上外境異性的不斷誘逼，若無堅決的意志與不拔的信念做為立足的基礎，隨時做克己的修持者，破戒的行為，便很可能促成。但若稍有羞恥之心，只要男女雙方有一方能夠警覺，便不至於破戒。再說，出家人的生活，也沒有在家人那樣隨便。

不過，僧尼的自動還俗，大多數，是由於男女的情欲所引起。少數則由於興趣及事業等等的其他因素。所以比丘戒中，說到捨戒還俗的，也僅淫戒一條。

《根本說一切有部毘奈耶雜事》中說：「勸他歸俗，得吐羅（偷蘭遮）罪。」我們應該讚歎出家功德，不要勸人還俗，勸人還俗是有罪過的。所以我們當勸受了煩惱逼惱的僧尼們，應先試做修持的工夫，比如：念觀音聖號及彌陀聖號，或者禮拜，或者懺悔，或者請大德開示。如果一切均無效用，均不能夠克制時，則不妨勸其還俗，此義在《律攝》中有詳細說明。

比丘還俗，可有三次（亦說可有七次）。也就是說：有三次出家受戒，三次捨戒還俗的機會，到第三次捨戒還俗之後，才不能再來出家受戒。

比丘尼捨戒還俗，只許一次，《根本說一切有部毘奈耶雜事》卷三十中說：「苾芻尼一捨法服已歸俗者，不應更令出家，若與出家者，師主得越法罪。」《十誦律》中也說：「比丘尼一返戒，不復聽出家受具；若捨戒已，轉根作男子，與受比丘戒，不犯。」

事實上女人對於煩惱比較有忍力，羞恥心也大些，男女互犯姦淫，總是以男的為主動者多。所以比丘可有三次還俗的機會，比丘尼則僅一次，至於由女根變為男根，實在不是尋常的事，故也不必指望。同時這也警告比丘尼們，如是好心出家的，不要隨便退心還俗。

捨戒還俗的方法很簡單：

《四分律》中說：「若比丘，厭比丘法，便云：『我捨佛、捨法、捨比丘僧等』，作如是語，了了說，是名捨戒。」又說：「若作是思惟，我欲捨戒，便了了捨戒，是謂戒羸而捨戒。」（思惟：我念父母、兄弟、姊妹、婦兒等，欲捨佛、法、僧。先思後說，即成捨戒。）

《摩訶僧祇律》中說：「若向五眾及白衣等言：我捨佛、捨法、捨僧、捨學、捨說、捨共住、捨共利……皆名捨佛，即名捨戒。」

《薩婆多毘尼毘婆沙》中說：「捨戒時無出家人，若得白衣，或佛弟子，非佛弟子，但使言音相聞，解人情，亦得捨戒，一說便捨，不須三說。謂受戒時，如入海採寶，無數方便乃得，故須三師七僧，捨戒時如失寶，盜賊水火，須臾散失，亦如從高墜下，故對一人便捨也。」

由此可見捨戒，不必使用儀式，如果捨戒的人能夠深知佛法，懂得戒律的尊嚴，並不以捨戒還俗為恥者，可以在大眾僧前公開宣布捨戒，並於捨戒的同時，脫下僧服，換穿俗裝，宣布捨戒，亦宣布捨僧名而改俗名。這是最最光明磊落的事。如其還俗之後的職業與生活有困難，僧團之中，尚可勸請居士協助，或由僧團的師僧同道直接資助他成家立業，他雖然還俗了，但還是佛教徒。或退為在家菩薩戒，乃至最少仍是三皈弟子。他還可以為佛做外護。

如果沒有這種勇氣，或者由於情境的急迫，比如男女相互貪愛膠著，等不及向大家公開宣布捨戒，便要犯淫之時，不妨對面男女或任何一位懂事懂話的人，向之宣布捨戒。但是一定要宣布捨戒在先，男女淫行在後，否則即成破根本戒，不算捨戒。捨戒之後沒有戒罪，但有性罪。若不捨戒而去犯戒，便有雙重罪了，戒罪尤其可怕！唯其捨戒之後，必須還俗，若不還俗，即成賊住。

本來，捨戒還俗並不可恥，破戒戀棧才最可惡，故在泰國與緬甸等的佛教國家，皆以出家為光榮的事，出家還俗，也是平常的事，並且以為唯有還俗的人，才是標準的國民，他們不以還俗為恥，並以做過和尚為榮。所以他們沒有一個不捨戒的還俗人，也沒有一個犯根本戒的出家人。願意持戒，即可出家，受戒出家的大門隨時開著歡迎；不能持戒，當可捨戒還俗，社會上的職業，也多歡迎還了俗的出家人。

在我們中國，適巧相反，不以出家破戒為罪惡，竟以捨戒還俗為恥辱，這是顛倒，絕對地顛倒！

這有兩個原因：

（一）中國的出家人，能有謀生的技能者不多，即使有其謀生的技能，在家謀生，總沒有比出家受供養容易。再說，出家人當其出家之時，並不準備還俗，他們的事業基礎，也就建築在出家的身分之上，如果一旦捨戒還俗，勢將前功盡棄，而去另起爐灶，所以雖有煩惱業障現前，仍無勇氣捨戒還俗。（這是不明因果，不知罪報！）事實上一個本不適宜過僧侶生活的人，他要勉強過下去，不唯痛苦，也將必有罪惡產生，他的事業也絕不會太好，何不及時抽身，乾脆還俗！有位心理學家說：當你發現人生的路向走得不對時，切不要怕與過去的教養和觀念斷絕關係。拿出勇氣，另闢生路。

（二）中國的社會，普遍地輕視還俗的僧尼，致使還了俗的，多有不敢承認他曾出過家，甚至不敢承認他是信仰佛教的；尚未還俗而又不能習慣出家生活的人，也就因此寧可生活在罪惡之中，也不敢輕易捨戒還俗。再有，佛教界中，也不原諒還俗的人，這在前面已經說過了。

補救的方法，是實行太虛大師的號召：「尊重僧界還俗人。」不唯尊重還俗人，更應該幫助還俗人，最低限度他們要比一般從未出過家的俗人更有信心，也更有教性。否則，犯戒不還俗，僧界不清淨；還俗不受尊重，戒羸（不能持戒）者又不敢捨戒還俗，實是佛教最大的不幸！

關於捨戒的問題，我想附帶說明一點：

佛教的戒律，分為比丘戒、比丘尼戒、式叉摩尼戒、沙彌戒、八戒、五戒、菩薩戒。除了菩薩戒，任何一種戒，均可捨，在生時不捨，臨終捨壽時也要捨。菩薩戒則一受永受，若不破重戒而失戒，盡未來際時，直到成佛，即使成佛，更無捨戒之理。

捨戒也有區分：比丘戒、比丘尼戒、式叉摩尼戒、沙彌戒，要捨即是全部捨，不可逐條捨。

八戒（八關齋戒），本來是六齋日分別受持。照理，每逢受八戒的當日，應於早晨向一比丘阿闍黎前受，所受僅是一日一夜，不是一受永受。故也無所謂捨戒。

五戒，可以分條受持，如果受戒之時已經全部秉受，受戒之後，覺得不能全持，即可分條捨戒。

菩薩戒是大乘戒，根據《菩薩瓔珞本業經》的說法，可以隨分受持，如覺不能持守之時，以理推之，當也可以隨分捨戒。

最要緊的，不可貪圖名譽好聽，受了什麼戒，如果受而不能持，便算犯戒，受戒犯戒則罪加一等！若盡最大努力，仍不能守持淨戒，即應捨戒。

根據蕅益大師及弘一大師的判斷，現時的中國比丘，當未得戒，但是，既居比丘之名，而犯比丘之戒，雖未得戒，當與得戒犯戒同科。

又根據蕅益大師及其弟子，雖然捨了比丘戒，仍未還俗的先例，可知不能持戒應捨戒，捨了比丘戒，也不一定就要去還俗。

於此研究，現時的中國僧尼，倒不妨考慮「捨戒」這一問題，否則尸其位美其名而無其實者，豈不是在日日招愆？

（《覺世》一八一期）

什麼叫作小小戒？

自從佛滅之後，「小小戒」一直是一個問題，佛將入滅之前對阿難尊者提到小小戒可捨的事，但在第一次的結集會上，卻被摩訶迦葉否定了。其經過情形是這樣的：

在結集三藏的大會上，阿難尊者恭敬地告訴摩訶迦葉說：「我親自聽到佛陀說：『吾滅度後，應集眾僧，捨微細戒。』」迦葉尊者便問阿難：「那麼你聽佛陀說哪些是微細戒呢？」阿難則答：「那時因見佛將滅度，心被憂逼苦惱之所迷塞，所以沒有問。」於是，迦葉尊者，便訶責阿難：「現在說這樣的話，已不是時候了，你為何不先請問世尊？」隨即提由在會的大眾比丘討論，說到最後，有的以為除了四重——波羅夷戒，其他都是小小戒或微細戒。因此，摩訶迦葉便以結集大會召集人或領導人的身分，做了如下的決定：「若捨微細戒者，但持四重，餘者皆捨，若持四重，何名沙門？」又說：「汝等所說，皆未與微細戒合。隨佛所說，當奉行之，佛不說者，此莫說也。」（《毘尼母經》卷三）

我們知道，大迦葉尊者是頭陀（苦行）第一，他對戒律的持守，也是絕對清淨的，以他的個性，以他對比丘生活的看法與希望，主張不捨微細戒，乃是很有道理的。

但是，這個問題並未因此而解決，我們從比丘、比丘尼戒中，可以看到，有些條文是不能不受時空限制的，甚至在條文之中，由於結集者的疏忽，竟有重複的事實——譬如《四分律》比丘尼戒的單墮九十七條與九十八條，是重複的；一百六十二條與一百六十三條，也是重複的。對此，古人雖有指出者，但卻無有敢以剔除者，那是為了尊重法寶，故僅指出而已。

近代有人主張，將比丘、比丘尼戒本（經）來重行編訂，剔除不必要的，存下緊要的。這一工作，的確值得吾人來做，但到目前為止，尚無一人膽敢來做，因為這一責任，太重大了，這是要對整個的佛法負責，也要對未來僧團慧命負其全責的事。

不過，我個人以為，我們可以不談捨去小戒的問題，只談如何來提倡守持重戒的問題，並且根據這一理由，而來編訂比丘、比丘尼的手冊，廣為流通，普遍遵行，那倒是個最好的辦法。當然，這要由知律的法師，數人合編，方始妥善。同時，這又要討論到重戒與小戒的問題，因為重戒固然要持，小戒也不能全部不持，否則，真要如摩訶迦葉所說的「若持四重，何名沙門」了。

什麼是小小戒或微細戒，我們雖不能肯定地指出，但在律典之中，總還可以找到一些蛛絲馬跡。

《摩訶僧祇律》卷二十四說：「爾時，有摩訶羅出家，數犯小戒：別眾食、處處食、停食食、共器食、女人同室宿、過三宿（與未受大戒者）、共床眠、共床坐、不淨菓食、受生肉、受生穀、受金銀。」這些戒，都是波逸提以下的範圍，也都是威儀一類的戒。

又據《四分律》比丘戒單墮七十二條中說，凡是比丘而輕訶雜碎戒者，便犯波逸提罪，故也不得輕忽了小戒——雜碎戒也就是小戒的異名。什麼叫作雜碎戒？《四分律》於同一條的制戒緣起中，是說除了四事（四波羅夷）與十三事（十三僧伽婆尸沙），其餘便是雜碎戒。

根據《善見律毘婆沙》的解釋，從二不定法，乃至眾學法，都叫作雜碎戒。《摩訶僧祇律》卷十四也說：「雜碎戒者，除四事十三事，餘者是也。」《五分律》卷六則說：「六群比丘言：何用誦習雜碎戒，為何不……誦毘尼不過四事十三事二不定法，何用多知。」這又將二不定法不算雜碎戒了。

以《律二十二明了論》的解釋：「佛世尊立戒有三品，一小戒，二隨小戒，三非小戒。小戒者，僧伽胝施沙等；隨小戒者，是彼不具分罪；非小戒者，四波羅夷。復次，小戒者，諸戒中自性罪；隨小戒者，諸戒中所有制罪；非小戒者，四波羅夷等。」從這看來，除了四波羅夷，其他均屬小戒與隨小戒了。

《薩婆多毘尼毘婆沙》則以為：佛在最初十二年中，為無事僧（不生惡事者），僅說一偈：「善護於口言，自淨其志意，身莫作諸惡，此三業道淨，能得如是行，是大仙人道。」這便算是初期比丘的戒經。十二年後，為廣說二百五十戒的五篇七聚，名之為雜碎戒。照這樣說來，今天我們的戒條，不論輕重，都是雜碎戒了，都是小戒了。其實這一分別，是對無事僧的聖比丘僧團而言的，因為阿羅漢雖不受戒，也是比丘戒的清淨具足者。

又在《毘尼母經》卷三中看到這樣的記載：「見聞疑事，事有三處：一者波羅夷、僧殘及偷蘭，此名為戒；二者破正見住邪見中（名為見）；三者從波逸提乃至惡口，名之為行。」這是將戒律分為「戒、見、行」三部分了，但其除了波羅夷、僧殘及偷蘭，均非戒的範圍，而屬（知）見與行（為）的領域了。此之所謂見與行，或即指小戒而言罷！

佛陀是非常開明的，故在《五分律》卷二十二中：「告諸比丘：雖是我所制，而於餘方不以為清淨者，皆不應用；雖非我所制，而於餘方必應行者，皆不得不行。」佛陀主張菩薩要隨類應化，何況不能隨方應化？所以如來也早就知道，他所制的戒律，在他滅後，對比丘們將會發生困難，所以垂示阿難：「吾滅度後，應集眾僧，捨微細戒。」但對微細戒的範圍劃定，卻給後來的比丘們莫衷一是，雖是初次集藏會上的許多大阿羅漢，也得不到結論（摩訶迦葉的主張也是最大關鍵），何況我們這些末世的比丘！

不過，我們從上面所舉的徵引中，可以大約地判定，佛所說的微細戒或小小戒，可能是指二不定法以後的三篇，因為《摩訶僧祇律》、《四分律》、

《善見律》，對於小戒或雜碎戒的劃定，都是指的四波羅夷、十三僧伽婆尸沙以後而言。所以弘一大師也說：佛涅槃時云捨微細戒者，或即指此三篇以下威儀戒而言也。

但是，問題絕不會如此簡單，如果說：比丘除了四事十三事之外，其餘的戒律條文皆可捨去的話，那就談不上比丘的威儀了。所以弘一大師又說：且約最低標準而言，止持之中，四棄、十三殘、二不定法，悉應精持；作持之中，結僧界、受戒、懺罪、說戒、安居、自恣等，也應遵行。又說：威儀戒中的性罪，如故殺畜牲、故妄語等戒，仍須守持；此土最易受人譏嫌的，如飲酒、非時食，以及關係尼女諸戒等，皆應持之，其餘則可隨力而為（此係摘其大意，詳見其《弘一大師律學講錄卅三種合訂本》）。

如今，我們很少有人知道微細戒是什麼的，也更少有人捨了微細戒的（既然不知，從何捨起）。事實上，雖然不捨，卻也根本未持，乃至四棄十三殘，也少有人持得完全的。因此，我們目前的問題，不是在於如何來捨小小戒，而是在於如何提倡守持重要的比丘、比丘尼戒。

怎樣禮拜與問訊？

今人皈依三寶之後，皈依師的第一個責任，便是教授禮拜與問訊的方式。一般弟子，學會了禮拜問訊之後，此一佛教徒的身分，好像也就完成了。

其實，各種宗教，均有各該宗教的儀禮規定，即使是國家的軍人，也有其制定的禮節，禮節的使用，也就表明了一個人的身分。所以一般人的觀念，並沒有錯。

但是，在今日的佛教徒中，包括出家的比丘在內，能夠如法行禮，並且能對行禮的意義全部明白的，恐怕又不多了。

我們在拜佛之前，往往先有一個問訊的動作，問訊是什麼意思，則很少有人講說。其實，照文釋義，就是問候請安的意思，正像我們於日常生活中，和親友見了面，第一個動作是招手或點頭，同時嘴裡也得說一聲：「你好嗎？」「你近來好嗎？」在西洋人通常則是以「早安」、「午安」、「晚安」、「夜安」來表達。當與親友分別時，也會互相祝福幾句，比如「祝你身心愉快」、「祝你一路平安」、「祝你事業成功」、「祝你學業進步」、「祝你好運」等等。這些請安與祝福，都是在開始見面與臨行分別時用的，這以佛教的看法，就叫作問訊。佛教的問訊，絕對不是僅僅有個彎腰與舉手的動作而已。

在佛的時代，弟子們見了佛陀，固然要問訊，佛陀接見了弟子之後，照樣也要問訊（不是彎腰舉手）。並且也有常用的詞句，試舉比丘律中的一個例子如下：

阿難晉見了佛陀，禮足以後，即向佛陀問訊：「世尊少病少惱安樂住不？」

佛答：「如來少病少惱安樂住。」佛陀也問阿難：「比丘僧少病少惱安樂住不？乞食不疲，行道如法不？」

阿難答：「世尊，比丘僧少病少惱安樂住，乞食不疲，行道如法。」

這是一個很好的例子。但請不用懷疑佛陀不會有病有惱，佛為慈憫後世的比丘，也曾現有十種病惱，譬如：頭痛啦、背脊的風痛啦、受人陷害啦、乞食空缽啦，都是如來的病惱。所以弟子們見了佛陀，應該如此問訊。同時在經律中告訴我們，佛陀問訊弟子機會特別多，譬如：有遠道而來的比丘，總是要以慈祥愷悌的口氣問訊他們：「不為食苦耶？行路辛苦耶？眾僧和合安樂住耶？道路不疲極耶？」佛陀時常巡視僧房，探詢病患的比丘時，總是要問：「比丘，調適不？不苦否？」

以此可見，今人的問訊，只是徒具形式，並不合乎要求。因為今人問訊，對於佛菩薩的形像，固然無訊可問，即對尊長比丘，也只行禮如儀而已。

還有一個與問訊同樣重要，而又同樣為我國佛教徒所忽略的問題，那便是「和南」一詞的運用。據義淨三藏的考證，「和南」一詞，根本是古人的訛譯，因在梵本佛典中，沒有「和南」一詞的根據，「和南」一詞，純係「畔睇」一詞訛譯而來，「畔睇」的運用，僅限於佛教，其義乃為敬禮。若《根本說一切有部毘奈耶雜事》卷一中，有一俗人對比丘說：「我等但知，見老婆羅門，即云跪拜，若見苾芻（比丘），便云敬禮。」

律中的敬禮與畔睇互用，但畔睇並非五體投地禮，畔睇可有兩種方式：一是但在口中一說，用表心意即可；一是欠腰而說即可，不必一禮到地。但也可以用於間接表達敬意的場合，譬如《根本說一切有部毘奈耶雜事》卷二中說：「時，尊者阿難陀，具傳佛教，詣王白知。王言：『尊者，為我畔睇世尊足下。』」這與今人在書信中用「和南」致敬，是一樣的，唯用和南是錯的，用畔睇才對。

正因為「畔睇」不即是頂禮，所以在不便頂禮的場合，如闇處、髒處、鬧處等，但用口說畔睇某某即可。如在《根本說一切有部毘奈耶雜事》卷十四中說：「若在闇中，不頭扣地而為禮拜，須致敬者，口云畔睇。」又在《根本說一切有部毘奈耶雜事》卷十五中說：「凡是口云：『我今敬禮』，但是口業申敬；若時曲躬，口云：『畔睇』，此雖是禮，而未具足。」可見，畔睇之運用，不是具足的五輪著地或兩手接足。

再說具足的禮拜的問題。我們拜佛，通常都是三拜，我曾問過數位大德，拜佛何以少極三拜，不一拜或兩拜？所得的答案，殊不統一，有說三拜表示三寶，有說三拜表示三身佛，有說三拜表示三世佛，有的乾脆就說不知道。還有拜下時，何以右手先出，左手後出；拜下後，何以要抓雙拳，翻雙掌？更是無人能予說明，至於五體投地之後，雙掌向上平放，頭額置於雙掌之上，抑是置於雙掌之間，或將雙手伸出於頭頂之前？亦復莫衷一是。

其實，我們在經、律、論中，看到弟子禮佛，很少是有三拜的，弟子們請佛說法，總是採取大致相同的儀禮，通常是：「在大眾中，即從座起，偏袒右肩，頂禮佛足，右繞三匝，長跪叉手，而白佛言。」只說右繞三匝，而不說三禮佛足，可見繞佛須旋三匝，禮佛只須一拜。義淨三藏也說，西土禮佛，極唯一拜。若於平常修持祈願，拜數多少，自屬例外。

但在《百一羯磨》卷一中說：「令受戒者，偏露右肩，脫革屣，一一皆須三遍禮敬。」也許三遍禮敬，限於受戒。

至於禮拜的方式，據《百一羯磨》卷二中說：「然敬有二種：一謂五輪至地，二謂兩手執師腨足，任行於一。」第一種是五體投地禮，第二種是接足禮。所謂五輪至地，便是額輪、二手輪、二膝輪。必須五輪至地，方為敬禮，否則便是慢禮。今人有將五輪至地，誤解為五心朝天的，以為背心，二手心，二足心，全部朝天，才是至敬禮，這有什麼根據，我則不得而知！

拜佛的動作，究竟如何，方算合式？據義淨三藏的考覈，作禮一拜，共分九段：第一發言慰問，第二俯首示敬，第三舉手高揖，第四合掌平拱，第五屈膝，第六長跪，第七手膝踞地，第八五輪俱屈，第九五體投地。遠則稽顙拜手，近則舐足摩踵。但在禮拜之時，口中應說：「我今敬禮。」受禮者應答：「無病。」若不如此，禮者與受禮者，皆越法罪。中國佛教中流行一種不成文的規矩：禮佛要三拜，禮人只一拜；還有，禮人不得對面，應向裡向上，這與接足致敬的規式相違，不知是誰發明的？

接受禮拜的人，必是尊上，故也不必客氣，若坐若立，均不得起身相迎，或者欠身答禮，但要善言誨導，以示親厚。禮拜的人，絕不可以希望受禮者起身答禮，或者示以不必禮拜，問訊即可；但是受禮者，必定要在佛法之中，大於自己的人，方可禮拜。

禮拜也有幾種規矩。根據《南海寄歸內法傳》中所說，吃了一切飲食之後，若不漱口洗手，不得受拜，亦不得拜人，否則兩人均有罪過；若於大小便利之後，未及洗手漱口，或衣服染汙了便溺涕唾之後，未曾換洗之前，不得受拜，亦不得拜人，否則便有罪過。如在人多的集會場中，但為合掌，口稱「畔睇」，即是致敬。在鬧處、不淨處、道途中，均不得禮拜，但為讓退一側合掌，口稱「畔睇」。否則即是違教失禮，並且得罪。《大比丘三千威儀經》卷上說：「一者至舍後還，不得中道為人作禮，亦莫受人禮；二者上座臥不得為作禮，亦莫受人禮；三者上座澡漱口不得為作禮，自漱口亦莫受人禮；四者上座收槃未竟，不得為作禮，自前槃未收，亦莫受人禮；五者上座飯不得為作禮，自飯亦莫受人禮。」又有：若讀經、持經，或上座在下處自在上處，不應為作禮；上座前行，不應從後作禮；不得著帽為佛作禮。

在我們中國，對於洗淨的習慣，頗難養成，飲食之後，洗手漱口，在講求衛生的人，不難做到，至於大小便溺之後，每次皆要洗手漱口，乃至洗滌下體，更換衣服，那就難了，但此乃為佛教的規制，切不可妄謂執相！能夠做到是最好，如不能做到，切不可毀謗。

本來，禮拜要以五體投地者為恭敬，在我們中國卻不然，佛殿佛堂，均設有拜墊或拜凳，唯恐使人五體投地而弄髒了衣服，所以有人稱拜佛為蹲佛。照規矩，佛殿佛堂，皆不應有髒的現象，進入佛地，必須脫去鞋襪，就地禮拜，自然無虞弄髒了，如果是骯髒之處，根本不宜禮拜。奈何在中國的許多寺院中，尚難做到此點，難怪要用拜墊或拜凳了！

還有最不合理的，是出家人在拜佛之先的展具。有人說在地上展具，是用來保護衣的，然而在拜墊或拜凳上展具，又是為了什麼呢？「大和尚」們還用侍者代為展具，看來體面，實則不懂規矩，並且有失威儀！因為禮拜而用其他的東西承體，即屬我慢的一類，禮拜而不五體投地，豈非我慢而何？泰國比丘有禮布：用為布地禮拜，用為承接布施的物品，這在律中，也無根據的。至於具之為物及其用途，我曾有另文研討，主要是用來襯體及護衣的，但只用為坐具與臥具，絕不可用為拜具。比丘於就座之先要展具，就寢之先也要展具，禮拜之先則斷無展具的道理。這一問題，自唐代義淨三藏開始，即予指謫，以後諸多律祖，也無不責斥拜具的偽妄，但此陋習，迄今未有稍改，真是一件怪事！

有人說三衣缽具足，方得受戒，所以戒場必須要具，其實，「三衣缽具足」，只是說三衣與缽要具備，而非必須要拜具。故在律中規定的比丘六物，濾水囊比拜具更要緊，如今卻存無用之拜具，而廢了急需之濾水囊！

偷盜五錢有多少？

偷盜五錢以上，即犯波羅夷罪。五錢究竟是多少呢？

佛時的印度摩揭陀國，國法制定，凡是偷取五錢以上，以及等值五錢以上的物品者，即犯死罪，佛陀也就比照著為弟子們制戒。

印度當時的五錢，相等於我國的幾何呢？到底如何算法？這有很多種說法，現在試舉數例如下：

（一）蕅益大師說：西域一大錢，值此方十六小錢，五錢則是八十小錢。《律攝》卷二云：「五磨灑」，每一磨灑（亦名摩娑迦）八十貝齒，則是四百貝齒，滇南用貝齒五箇，準銀一釐。亦是八分銀子耳。

（二）讀體大師說：《根本律》云：「五磨灑」者，一磨灑有八十貝齒……五磨灑有四百貝齒，貝齒一名貝子。《本草》云生東海池澤，亦產海涯，大貝如酒盃，出日南國，小貝乃貝齒也……。今雲南猶作錢用，而呼為海巴，以一百二十八箇海巴作銀一分，一千二百八十箇作銀一錢，如是則四百箇貝齒，作銀三分一釐二毫。

這兩位大師，生在同一個時代，他們彼此間，也曾通過信，但對貝齒折成銀子的計算法，卻頗有出入，唯其五錢的標準，皆不出一錢銀子。如今的銀子很便宜，一錢銀子，也僅數元而已。

據一位西洋心理學家的分析，人類之中，很少有人不想偷竊他人東西的，也很少有人從來沒有犯過偷竊罪的，即使是順手牽羊，即使從未被人看成是竊盜犯。根據佛戒的持犯而言，在五戒之中，也是以盜戒最易違犯。

依照《薩婆多毘尼毘婆沙》中說，盜戒的輕重標準，共有三種：

（一）準照時下所用的五錢。

（二）準照盜取所在地通用的五錢。

（三）準照所在國家的法律，盜多少財物以上即處死刑，佛戒亦以比例成為重戒。

在這三點之中，南山道宣律師，是採納第二點的。至於第一點，現時的社會，已很少用「錢」，所以行不通；第三點則現時的法律，世界各國，已絕少將竊盜犯判處死刑的，故也行不通了；第二點，因為時下的社會幣制，已不用「錢」，本也行不通的，然以比照的方法來推算，則亦不難遵行了。

九眾弟子的等次

佛教是平等的，那是說學佛與成佛的可能與機會，不但人類平等，一切有情的眾生都是平等的。

佛教徒的名位是有差別等次的，這是說「聞道有先後，術業有專攻」，不但人與異類眾生之間有差別等次，即使聖人與聖人之間也有差別等次。

在人間的佛教徒，一共分為九等，那就是出家的五等與在家的四等。出家的五等是比丘、比丘尼、式叉摩尼、沙彌、沙彌尼，這些都是梵文的音譯。比丘是男性的大眾，比丘尼是女性的大眾，式叉摩尼是沙彌尼進入比丘尼階段中必須經歷兩年考驗過程的女性，沙彌是男性的小眾。這五個等次，乃是由於所受戒法的多少高下而分。大體上說，二十歲以下的出家男女，都是小眾，二十歲以上的出家男女，受了比丘及比丘尼的具足大戒，便成大眾，否則仍屬於小眾。

在家的四等是近住男、近住女、近事男、近事女；若在梵文音譯，在家男弟子均稱優婆塞，在家女弟子均稱優婆夷。受持八關齋戒或是住於寺院不享男女同居生活的人，稱為近住；僅受三皈五戒，仍然男女同居的人，稱為近事。近於阿羅漢的果位或近於出家生活而住，所以稱為近住；親近三寶並且承事三寶，為三寶做供養，所以稱為近事。不分年齡大小，名稱都是一樣。因這四眾都是在家男女，所以通常只分為兩眾。

在這九個等次之中，以比丘最高，近事女最低。凡是行、住、坐、臥的日常生活，如果九眾或兩眾以上集聚在一個場合，都應該禮尊序次，不得男女上下混雜，更不得先後逆次而處。

在九個等次之中的每一個等別，也都各有等次。那就依照各人入道的先後為準。

比丘及比丘尼，應該尊敬上座，具足戒超過二十夏稱為上座，上座之中，尚有先後，差一夏、差一月、差一日，乃至差一根針影的時間，便成先後，如果兩人是同年同月同日同時受戒，那就根據各自得戒和尚的戒臘分先後，如果得戒和尚戒臘相同，那就根據兩人自己的生年大小而分先後。其他的比丘及比丘尼，乃至沙彌尼，都以同樣的方法，各自分別先後序次。所以，兩個初次相見的出家人，第一件事，就是互問戒臘先後（不是生辰大小），以便序次尊禮。如果在大場合下，人太多，事太忙的時候，除了九眾應該依次分區就位，除了最上面的八個位置，必須留著給耆宿上座之外，其餘的就不必互問，也不必序次了。

至於在家弟子，也是根據皈戒的遲早與多少而分先後等次。在家戒之中，以菩薩戒的位次最高，五戒其次，五戒又分滿分（全持五條——殺、盜、邪淫、妄語、飲酒）、多分（持四戒或三戒）、少分（僅持二戒或一戒）的不同，滿分為上，少分為次，最次的是僅受三皈的在家女性。但在菩薩戒、五戒、三皈之中，均有各自的先後次第，可以比照比丘的方法各自序別。

菩薩戒是通出家與在家的，所以菩薩比丘（尼）也可以同菩薩優婆塞（夷）在一處誦（菩薩）戒布薩，比丘若先受菩薩戒，再受比丘戒，在菩薩戒的場合，仍用菩薩戒臘，若先受比丘戒再受菩薩戒，比丘戒的戒臘，也即變成菩薩戒的戒臘，如果戒臘不夠居士的多，便應處於居士之下，但此僅限菩薩誦戒布薩的場合，除此之外，在家菩薩不得與出家人爭序次，因在九眾佛子的等次之中，菩薩沒有位次，若到聖位菩薩，他們隨類應化，所以無法固定菩薩的位次。

在家弟子，進入佛教集會的場合，均應拋下家庭的輩分、社會的階級、職業的尊卑，以及知識的高低，均應根據皈戒的上下先後而序次第。如果離開教內的集會場合，父是父、子是子、師是師、弟是弟、長官是長官、屬下是屬下、主人是主人、僕人是僕人，一切均應如常如俗，不得顛倒。既不可不尊佛教的倫理，也不可混亂了世俗的倫理。

出家人，對於未曾信佛的俗人，可以相迎並請坐，對於已經信佛的俗人，可以請坐而不必相迎；對於自己的出家弟子或出家的晚輩，不必相迎也不必請坐。前者是隨俗，以期引俗化俗；後者是尊制，並且尊法尊長。

在家弟子除了恭敬三寶，不得希望或要求出家人的殷勤奉迎與下心接待。否則，信佛供僧是為求福，這樣一來，反而損福了。

比丘尼與八敬法

當初佛的姨母婆闍波提夫人（即大愛道）要求出家的時候，佛陀沒有允許，經過阿難尊者的再三向佛陀代為請求，佛陀便為出家尼眾，制定了八種不可違法，因為皆是規定尼眾恭敬比丘、尊重比丘的事，所以後人稱之為八敬法。這是多數人所知道的事。

實際上，真正實踐八敬法的比丘尼，在中國是少見的，能夠知道八敬法之勝義的比丘尼，更是少之又少了。同時，中國佛教的環境中，即使希望履行八敬法，也是不能全部如願的，律中的八敬法與《大愛道比丘尼經》中的八敬法，略有不同，現在我們試看《四分律》中所載八敬法的內容：1.百歲尼要禮初夏比丘足；2.不罵比丘，不謗比丘；3.比丘尼不得舉比丘過，比丘得舉比丘尼過；4.比丘尼具足戒，須在二部僧中受（先於尼僧中作本法，再求比丘僧為之授戒）；5.比丘尼犯僧殘罪，應在二部僧中懺除；6.每半個月須求比丘教誡；7.比丘尼不應在無比丘處夏安居（為便於請求教誡故）；8.安居圓滿，應求比丘為比丘尼作見聞疑罪的三種自恣（自由舉罪）。

看了八敬法的內容，我們頗為慨嘆。在此八法之中，即使最最知律持律的比丘尼，在中國佛教的環境內，充其量，只能做到前面的一、二、三條，其餘的就沒法實踐了。在南傳及藏傳佛教，因為比丘尼的法統失傳了，故乾脆也沒有比丘尼了。在中國的大乘佛教，比丘尼在二部僧中受戒的法統，早就失傳了（也很難查出中國的比丘尼是否曾經有過二部僧中受戒的實例），但是今天的臺灣，比丘尼的數字，遠較比丘為多！佛制女眾出家，應向尼眾求度，男眾則非菩薩阿羅漢，不足度尼，目的是要維護尼眾僧團的法統。至於第五、第六、第七、第八的四條，因為中國佛教殊少實行羯磨法，也殊少遵制安居，故也無從做到了。

但是，最可嘆的，有些自以為是的比丘，竟以八敬法的理由，做為壓制尼眾、驅策尼眾的藉口。我曾聽說有一位比丘，到尼寺中去掛單，尼眾們只留了他一晚，並且也沒有做到恭敬禮拜的要求。那位比丘便聲色俱厲地訶責尼眾，說她們不懂八敬法。

佛教中產生這種現象，確實令人遺憾！比丘尼們，見了比丘，為什麼不知道恭敬禮拜呢？比丘為什麼又會無緣無故地到尼寺中去掛單呢？

佛制的規定，未曾得到比丘尼的邀請，便往尼寺說法，乃是犯戒的行為。同時，即使得到了比丘尼的請求教誡，還得由僧團大眾審查一下你的資格，共有十項標準，稱為比丘教尼的十德，其中最明顯的兩項，便是精通熟習二部（比丘、比丘尼）律，並且要有二十歲以上的戒臘。

雖然今日的中國佛教，不能事事講規矩，但也應該識得大體才好。比丘尼不得輕視比丘，比丘也不得以八敬法來壓抑比丘尼，否則的話，彼此都是罪過！

關於女尼的稱呼

現在的佛教徒們，對於尼眾及婦女的稱呼，都是隨俗的。律中對此究竟如何，那就很少有人知道了。

對於在家婦女，信了佛的，多半被稱為女居士，對未信的，便隨俗而稱太太、夫人、小姐，乃至對於受了三皈的婦女，往往也用隨俗的稱呼。

對於出家的尼眾，在背後文明的稱呼是比丘尼，隨俗的稱呼是尼姑；在大陸上，當面的客氣稱呼是師太，普通的稱呼是師姑或尼姑；如果對全體，通常是稱為尼眾。

在中國的唐朝，也有稱尼寺的寺主為和尚的。實則凡是戒臘十二夏以上並有資格剃度女弟子的比丘尼，都可稱為尼和尚，若不為之授戒，仍不得稱為和尚。在臺灣，出家的男女二眾，一天天地多了起來，尼眾與男眾之間的稱呼問題，雖然大家不懂，但也並不感到困難，客氣點的，稱為某某法師，普通的便稱某師，對集體的稱呼，便是尼眾或比丘尼們。

其實，這與律中的稱呼法是頗有出入的。

律中的出家人稱呼在家婦女，有四種：一是姊，二是妹，三是姊妹，四是居士婦。試舉例如下：

《鼻奈耶》卷三：「時，有諸婦女白比丘言：『諸嚴賢等，渡我等（過江）。』諸比丘答：『諸姊當知，世尊不許得渡女人。』」

《鼻奈耶》卷三：「時，尊者阿難行路，中道焦渴，彼中道有旃荼羅女名鉢吉蹄，於井汲水。時，阿難詣井乞水，語：『大妹，我今須水，施我少水。』」

《鼻奈耶》卷九：「尊者阿那律，即往此（寡婦）家語言：『大妹，此間得住不？』」

《根本說一切有部毘奈耶》卷十一：「乃至為女說法，自讚其身：『姊妹，此是第一供養中最。』」

《根本說一切有部毘奈耶》卷十九：「若復苾芻從非親居士居士婦乞衣，除餘時，泥薩祇波逸底迦。」

這是隨便舉了五個例子，事實上在律中，出家人對於在家婦女，通常都用這四種稱謂。對年較長的稱大姊，年較小的稱大妹，看不出年歲的便稱姊妹，這個姊妹，在梵文的意義，可能跟英文的 sister 是類似的，可以做為姊姊，亦可做為妹妹。至於居士婦，是指居士的妻子，但也可以解作女居士。這可與比丘及比丘尼，沙彌及沙彌尼，優婆塞及優婆夷，看成同一類型。

再說對於尼眾的稱謂，那就比較複雜了。大略有兩類：

第一類：1.姊，2.妹，3.姊妹。這三種是尼眾對尼眾的稱呼，也是比丘對尼眾的稱呼。

第二類：1.阿姨，2.阿夷，3.阿梨夷，4.阿離移迦。這四種是俗人或外人對於出家人通用的稱呼。

在比丘尼的羯磨法中，都是用的「諸大姊聽」。

《鼻奈耶》卷七：「難陀告諸比丘尼：『與汝說法，善思念之。云何諸妹眼有常無常耶？……。』」

但是，比丘稱呼尼眾為妹是不尋常的，稱呼為姊妹是尋常的。

《根本說一切有部毘奈耶》卷三十：「時難鐸迦告諸苾芻尼曰：『我今為諸姊妹，說問答法門。』」

《根本說一切有部毘奈耶雜事》卷三十一：「（吐羅難陀尼，故惱迦攝波）迦攝波曰：『姊妹，汝無過犯。』」

至於第二類的四種稱謂，都是梵文的音譯，而且是屬於同一個梵文單字的同音異譯，它是尊者或聖者的意思，是對於出家人的一種尊稱，通常是由俗人用來稱呼尼眾的，但也間或有比丘用來稱呼尼眾。這是無可厚非的，比丘尼對於比丘的稱謂，通常都是用聖者與尊者的。

在《四分律》中稱阿夷，或用阿姨，因而有人以為這是效法佛陀對於大愛道的稱呼，所以比丘稱尼為阿姨。實際上這是無稽的，律中規定，出家人不得再以俗時稱謂呼其俗親，乃至父母，也都要改口稱居士，何以佛陀反而對於大愛道的稱呼仍不改口？所以蕅益大師也以為阿姨便是阿梨夷，是尊者的意思。

《摩訶僧祇律》用阿梨耶。

《根本說一切有部尼陀那目得迦》卷一：「有婆羅門居士等至苾芻所問

言：『阿離耶，今是何日？』」這個阿離耶是稱呼比丘的，但與稱阿梨夷是同一意義。

《根本說一切有部毘奈耶雜事》卷三十二，有一苾芻見苾芻尼來，便稱「阿離移迦」，這又是阿離耶的相同稱呼了。

比丘稱尼眾，從律中的用法來看，用聖者或尊者之處，通常是對高年、智慧、福德的上座尼或羅漢尼稱呼的，對於一般的尼眾，便以姊妹稱呼。在印度，不論什麼宗教的出家人，凡過乞食生活的，幾乎都被尊為聖者，所以俗人稱呼比丘、比丘尼為聖者，那是極平常的事。

有人以為女人出家，落髮為尼，便是現的大丈夫相，不得再以女性的稱呼相喚。其實，這是中國人的觀念，與律中的意義是不相投的。在家是女人，出了家還是女人，在事相上是女人，在觀念上還是女人。不過不是在俗的女人，而是出家的女人了。

當然，以姊妹來稱呼比丘尼，或者尼眾之間以姊妹來相互稱呼，在沒有形成風氣的中國佛教裡，一時間是很不習慣的，甚至有人反感乃至驚奇的。我也不一定要提倡這個以姊妹來稱呼佛門女性的律制，雖然我願意如律稱呼女尼，所以我要提出這個問題讓大家知道，若以姊妹來稱呼尼眾以及稱呼在家的信女，並不奇怪，而且是律中的通軌。

比丘可以度尼嗎？

在中國大陸上的佛教制度，全靠叢林的尊嚴維繫著。叢林制度是在農業社會中產生，叢林制度也只適合於農業社會中存在。時代進步而到了重工商業的社會，叢林制度便不能存在了。所以我對中國佛教的老制度，並無依戀之感，但在中國大陸時代的佛教，僧尼生活的分別安處，是值得懷念的；尤其在大陸上的比丘，很少會為女人剃度而使比丘尼成為比丘的徒弟，這更是值得讚歎的。

我總覺得，佛制的戒律，雖不能全部適應於任何環境的任何時代，但若不受外力的壓迫，也不是不能依律而行的情況之下，自然仍有遵行律制的責任與義務，否則，大家視律制如空言，本著一己的私心，各做各的，各行其是的話，不唯要負違律的罪責，對於整個佛教的前途，尤其要負重大的責任！

比丘度尼，在臺灣很風行，從尊長大德，以至初出家剛受戒的比丘。其原因，不外兩點：第一，臺灣少年男子出家者少，少女出家者多，在唯恐後繼無人的情形下，只好剃度女子出家；第二，對男子的教養與管理，比較困難而費力，對女子則雖不教育管理，她們至少要比男子更馴和。從比丘剃度女子的本質說，前者是悲心重於私心，後者則私心重於悲心！唯其不合律制要求，所以也均不足鼓勵。因為比丘度尼，並非限於度尼，所以形成僧尼同居一寺的惡性風氣。僧尼同居一寺，未必會破根本大戒，但從律制上說，是違制的；從觀瞻上說，也是招嫌的主因。

現在，我想從律中抄引幾段比丘不度尼的文字，用資參考：

《根本說一切有部毘奈耶》卷十八中有一個故事：列為六群比丘之一的鄔陀夷（即是迦留陀夷）出家之後，他的太太也要跟他出家，他起初答應為她剃度，後來又想：「我於今時，由昔俗累，尚被黑鉢同梵行者所輕，況復令彼出家，更招譏議云：『六眾苾芻度苾芻尼。』便生追悔……。」後來他的太太便到寺中哭泣，而被比丘尼們知道了，就對她說：「汝誠無識，豈有苾芻度苾芻尼耶？還令尼眾度汝出家。」這是說，雖然是非常頑劣的六群比丘，也不敢破例度女人出家。

《善見律毘婆沙》卷三中說：「是時（阿育王的夫人）阿㝹羅欲出家，即白王言。王聞已，心中悵然，白大德（摩哂陀）：『阿㝹羅夫人今欲出家，願大德為度。』摩哂陀答言：『我等沙門，不得度女人，我今有妹，名僧伽蜜多，在波吒利弗國，可往迎來。』」這是說，佛滅之後，到了阿育王的時代，比丘仍然不為女人剃度。

但是，比丘度尼，也有律文的根據：

《大愛道比丘尼經》卷下中說：「阿難復問佛言：『便當令比丘作（比丘尼）師耶？』佛言：『不也。當令大比丘尼作師。若無比丘尼者，比丘僧可。』」這是說，如在沒有比丘尼的時地，比丘僧團——不是一個比丘，可以方便度尼，如果有了比丘尼，比丘僧便不得度比丘尼。中國第一個有史可查的比丘尼是淨檢，淨檢就是由比丘剃度出家的。

《沙彌尼離戒文》中說：「佛告諸弟子：汝慎莫妄度沙彌離，女人姿態難保悅，在須臾以復更生惡意，……自非菩薩、阿羅漢，不可度尼。」正因為男人教育女人，生活上有著很多的不便，但是既然剃度了女人，女人就得依止剃度師而住，剃度師也有教育其出家生活的義務，如果自己不是聖位的菩薩，難保不受欲染；如果未證羅漢，自己仍非離欲，為了防患魔境的現形，所以佛制如此。這一點，近人仁俊法師曾於《海潮音》四十三卷九月號中發表他的見解說：「阿羅漢度尼眾出家的事實，就我所知道的只有一個（其出處大概在『史傳部』中，第幾卷我記不清了）。」又說：「至於菩薩度女人出家的事實，就我所讀過的大、小乘經論，似乎舉不出例來。」

今日的臺灣，並非沒有比丘尼，比丘們自可不必與比丘尼們爭著度女人。至於那些度女人出家的比丘們，誰是阿羅漢，誰是大菩薩，我則不得而知。但是，真有這麼多的羅漢與菩薩，倒是值得慶幸的事了。不過我也相信，多數度尼的比丘，以及請比丘剃度的尼眾，實在是不知道這一層道理的，所以也有此一說明的必要。

如說尼眾希望親近大德比丘，大德比丘可往尼寺做她們的教誡師，她們聽經聽課，乃至到比丘寺中聽法，無一不可，但是尼眾應依尼眾出家，應依尼眾而住。否則，便是尼眾自己瞧不起尼眾，為什麼自己又要出家當尼眾？所以我也要勸告準備出家而尚未出家的佛教姊妹們，如果妳要出家，切不要跟比丘出家，因為那是不合律制的。

俗人能看僧律嗎？

我們在大律中看到，凡是未受具足戒的人，不得偷聽比丘誦戒，否則便是賊住，便成比丘戒障，終身不得出家受比丘戒。後世的高僧，根據這一理由的推斷，以為既不得偷聽比丘誦戒，自也不得偷看比丘大律，並以為佛陀制定此一規矩，乃在維護比丘的尊嚴，尤其是在保護未受大戒者的信心，避免知道了比丘戒的內容之後，不能體察佛陀制戒的聖意，便來妄加輕視。此一觀點為蕅益大師等所主張。

但是，我們還可看出一項神聖的觀點。僧團中於誦戒集合時，小眾出家弟子都可參與，唯於開始羯磨法時，才將未受大戒者遣出。另有每做羯磨，皆不許小眾參與，即使參與，也得遣置於眼見耳不聞處。再有菩薩戒弟子，規定半月誦戒布薩，並且七眾菩薩皆可聚集一處誦戒布薩，但於舉行羯磨法時，除了比丘大眾，餘皆必須退出，原因是只有受了具足戒的人，才有羯磨法。羯磨法之所以成為祕密，主要是在比丘誦戒中的出罪、舉罪與悔過，為了防止小眾及俗人對比丘的輕慢，所以不許參加。

如以後一觀點而論，未受大戒而先看大律，只要是以信敬的心看律，只要不偷聽比丘的羯磨法，便不能構成賊心入道的罪名。所以在南傳的泰國，不唯不禁止居士看律，並且鼓勵居士們看律，當然，泰國的居士，多半也曾出過家的。他們還是可以隨時再去出家。即在中國，自古以來的高僧之中，也有好多是在未出家時便看過大律的，許多在家的大善知識，閱藏之時，大律當然也是他們閱讀的對象之一。佛法重在制心，若無破壞佛法之心，而來看律，自也不致成為戒障。此一觀點，靈芝律師頗有見地，弘一大師亦予同意。（見弘一大師〈徵辨學律義八則〉）

不過弘一大師也曾說：「若欲覓求律中，有制未得戒者，必須學比丘律之明文，乃不可能之事。」未受戒或未得戒的白衣，好心看了比丘律，固然未必即成「賊住」的罪名，但是比丘律乃為比丘所制，居士用不著研究，也不必研究。因為凡夫總是凡夫，看了比丘律，難免不將比丘律的尺度用來衡量現前的比丘生活，故也難免不會生起輕忽比丘的心理，若果真是如此，「賊住」的罪名，也就不難構成了。

俗人能論僧事嗎？

我們首先應當承認，中國的佛教，尤其是在近世以來，根本是談不上律制的。所以僧人少有如律而行的，俗人（在家佛子）也就更不懂得律制了。

僧人多不崇律，生活儀節不能沒有失措之處；俗人不知律規，見到僧人的不順眼者，往往加以指謫。甚至形成僧人不談僧制僧規，僧制僧規的討論，竟然落到了俗人的文字與言談之中。說起來，實在是一件非常痛心的事！

當然，俗人之會討論僧制，指謫僧儀，責任應由我們僧人來負，俗人是無辜的。因為俗人皆是僧人弟子，弟子批評其師，豈非師教之失敗？俗人不知道以其俗人的身分來論究僧制，是不合佛制的行為，所以他們出乎愛護教譽的熱忱，來批評僧人的生活，是無可責斥的。不過，我想在此指出，俗人批評僧事，仍是絕對地罪過，即使此一罪過，應由僧人分擔。（《優婆塞戒經》卷三〈攝取品〉中說：「寧受惡戒，一日中斷無量命根，終不養畜弊惡弟子，不能調伏。」）在我國的律典中，沒有一部是允許俗人來批評僧事的，特別是大乘菩薩戒，不要說是批評僧事，即使僧俗四眾弟子中的任何一人犯了過失，也不應無拘束地廣肆批評，否則便犯了《梵網經》重戒第六條「說四眾過戒」。在泰國，雖然鼓勵俗人研究比丘戒，但是俗人絕對不敢論涉僧制，我想泰國佛教之允許俗人看僧律，用意當在使得俗人更能了解佛制的比丘生活，而對僧人更能發出無上的崇敬之心。當俗人知道了律制之後，自也不敢甘冒犯過的罪愆，而來抨擊僧人的律儀了。

根據律制，佛弟子的事，應由僧團的會議來共同解決，比丘犯了戒，輕則向一位清淨比丘悔過，中則向二個以上清淨比丘悔過，次重則在二十位清淨比丘中出罪，最重則失戒體，逐出僧團之外。菩薩戒犯輕罪則對一比丘悔過，中罪則對三比丘悔過，重罪則失戒體，應當在佛菩薩像前懺悔，得到了好相——見光見華，見佛菩薩來手摩其頂之後，方可允許重受。五戒弟子犯了戒，也是分為三等：上罪不可悔，中罪可悔，下罪可悔。

佛弟子犯戒，絕對不許大肆聲張，逢人便說。但是仍有處理的途徑，犯戒者如能自行發露，在清淨比丘前至誠懺悔，當然是最好。如果犯戒者自己已將犯戒的事情忘了，或者雖未忘記，仍不坦白發露，那時可由有德資深的比丘，在集會之中，當眾為之舉罪，逼他發露懺悔，以求僧團的清淨。如果雖遭舉罪之事證俱在，而猶不肯認罪者，可由僧團會議，公推一位清淨的有德比丘，去向施主宣布他的罪過，以期斷絕他的信施，使他就範懺悔。可見，雖然比丘與比丘之間，也不得隨意宣說他人的過失，何況俗人能夠議論僧事？

但是，俗人對於犯戒的僧人，並非沒有說話的機會，唯其須是最最親善的人，以私人的關係，密下為之勸告，終不得發諸議論而筆諸文字。

還有一個規矩，那就是舉罪與懺罪的問題。佛弟子共分僧俗大小的七眾，僧人可舉俗人之罪，並可受俗人的悔過，俗人則不得舉僧人之罪，亦不得受僧人的悔過；大眾（比丘與比丘尼）可舉小眾（式叉摩尼與沙彌、沙彌尼）之罪，並可受小眾的悔過，小眾不得舉大眾之罪，亦不得受大眾的悔過；比丘可舉其下六眾之罪，並得受其悔過，其下六眾不得舉比丘之罪，亦不得受比丘悔過。即在比丘之中，戒臘在五夏之前，不得為師，也不得離師——以其尚未通曉戒律的輕重與持犯，因此，比丘雖已超過五夏的戒臘，乃至已屆百歲高齡，如其不學無知，不明戒律的輕重持犯，仍然不得舉人之罪。準此而言，俗人而來議論僧事，而來討論批評僧人的威儀作法，自為佛制之所嚴禁的事了。

這不是佛陀制戒包庇僧人，實在是未屆其位而不識其境的緣故。佛弟子的七眾之中以比丘的位置最高，戒律之中，也以比丘及比丘尼律最繁，即使身為比丘，潛心於律制的研究，也非十年八年的工夫所能窮究透徹，何況是一介俗人，單憑主觀眼光的好壞，而來批評僧事呢？正像一個國家的法律，只有律師懂得較多，但至於解釋憲法，又非由大法官來專任不可了。如果下一個譬喻，俗人之論僧事者，則似小學的蒙童而去評閱博士的論文，試問：哪能評閱出什麼名堂來呢？

我不怪今時的俗人議論僧事，所謂「不知者不罪」，因為那是出於他們由於「不知」而產生的錯誤。同時這一錯誤的產生，多半還是出於愛護佛教的熱忱。

但我希望我的這篇文字，能起一點說明的作用，能使俗人最低限度不再不知高下地批評僧事。誠然，最要緊地，還要靠我們身為僧人的人，大家都能尊重律制、學習律制，並且盡可能地遵行律制。否則，以謗止謗，固然不對；實則不善而又欲人無謗者，也是不公道的。即使在俗的佛子們，為了持戒而不謗僧，卻也無法禁止非佛弟子乃至外道徒眾的藉機破壞！

如今，我國的佛教，尤其在臺灣，根本少有遵行僧團制度的約束與制衡，要想事事如律，自也無法辦到。但是我們如能多懂一點律制的知識，至少也可有些警策的效用，至少在我們犯了過失之後（戒是條條都有犯的可能的——人非聖賢，孰能無過？未得定共戒、道共戒之前的凡夫，犯戒是難免的，特別是威儀戒），也會生起慚愧之心，無法求得清淨僧中悔過，自在佛前懇切懺悔，小罪也可懺除的。

（一九六二年六月二十六日於朝元寺無住樓，《覺世》一九二期）

論安居

現時人們所說的安居，好像是單指出家人的結夏安居，其實，安居分有大乘與小乘的兩種，出家人的結夏安居，只是小乘的一種而已。

至於安居的由來，在比丘律的記載中，是這樣的：

釋迦佛住在舍衛城的時候，當時尚未制定比丘必須安居的戒律，比丘弟子們，一年到頭，都在人間遊行，尤其到了四月十六日之後，印度的雨季開始，路上處處都有蟲蟻，比丘外出，不免踩殺；同時，比丘們在雨中遊行，所帶的衣物，也常常淋得既濕且重，攜帶吃力，行走疲勞。但是印度當時的其他外道出家，每到夏天的雨季來臨時，便過安居生活，不再到處遊行。因此佛教的比丘，便受到俗人的批評了，他們說：「諸外道沙門婆羅門，尚知三時，夏則安居；眾鳥猶作巢窟，住止其中，而諸比丘不知三時。」

這事被佛陀知道之後，便為比丘結戒，每年入夏，必須安居。

在佛教的規制中，好多是根據印度古宗教的原有習慣，改良而來，除此之外，比如非時食戒、六齋日、布薩日等等，都是運用原有而通行的宗教慣例，換上佛教的內容而成立的。但那都是對的，外道固然不及佛教，卻不必說凡是外道的，全是不好的。

當佛陀規定了安居的原則之後，安居中的問題，並未得到徹底的解決，比如住的問題、吃的問題、依止的問題、外出的問題、意外危險的問題，還有不肯安居及不能安居的問題等等，於是，佛陀又一一為之規定和釋示。

安居者的第一件事，便是住，住在何處，如何住法？佛說，除了不應露地安居，其餘的，若樹下，若小屋內，若山窟中，若樹洞裡，凡是能夠坐而容膝，且不碰頭，沒有風吹雨打，與毒蟲蛇蠍之擾者，打掃之後，便可用作安居的處所。但是安居中的比丘，不得遠行乞食，所以必得靠近村落而住。同時，為了施主的便利，施主可以請比丘到家裡及其附近安居；如果施主是船家，比丘可在船上安居（必須是不在航行中的）。如此，皆得成為安居。所以比丘安居，不一定是集體的，可以很多比丘在一處安居，也可以一個比丘單獨安居；不過到了布薩日，仍須集僧（眾）以布薩界的範圍（最大可至二由旬半——約為周圍七、八十里的區域），各到集會之處參加布薩。所以，比丘在白安居詞之中，要說：「我比丘某甲，依某甲僧伽藍，某甲房，前（後）三月夏安居。」一比丘單獨安居而住，但他們仍在界內（結界法此處略），仍在僧中。如果是新學比丘，五夏之內，乃至九夏之內，不得無依止師而安居，最低限度不得離師太遠，應依一位知律的阿闍黎安居。

安居的方式，雖可自由尋找適當的處所，但於通常而論，仍以伽藍（眾園——寺院）中為普遍，在安居期中，大家一心修持，沒有旁騖雜事，飲食是由施主送供，或在就近乞取，但絕不得行出界外。因此，今日的泰國比丘，他們在安居期中，除了不到遠方去旅行，日常仍到市內沿門乞食。

如果為了三寶的事及信徒的事，可以向出家的五眾，一人前一說，便得走出界外，最長可至七日，若在阿蘭若一人獨住者，可例外。如有重要事，要行遠路，七日之中不能往返者，可在僧中白二羯磨，出至界外可以多至一月（《根本說一切有部百一羯磨》中准許多至四十日）。若有如此的情形，乃能算是結夏，否則的話，或無故，或不說，或未做羯磨法，走出界外，便算破夏。

但是還有例外，在僧伽藍中安居，若有生命的危險，或有破戒的威脅，或有破僧的可能者，均可自行出界，不算破夏；若為施主請去安居，如果有生命的危險，或有破戒的威脅，也可自行離去，不算破夏。

安居的期限，共為九十天，但若由於種種的差別因緣，不能於四月十六日，實行安居者，可以逐日延遲，至五月十六日為止。因此，結夏安居，雖以四月十六日為準，但卻不必非在四月十六日開始。於是，安居的名稱，有分為兩種的，也有分為三種的。一種是以四月十六日安居者為前安居，四月十七至五月十六的二十九日中，任何一天安居者，皆稱後安居；另一種則以四月十六日開始為前安居，五月十六日開始為後安居；而中間開始的為中安居。但皆住滿了九十天之後，始得解夏。

在安居期中，若是集體生活，除了不去人間遊行之外，仍同平日一樣，或坐禪，或說法，每至黑月十五日與白月十五日（印度當時以半月計算，上、下兩個半月，稱為黑、白兩月），仍然照常集僧布薩說戒，不得受啞法——

互相禁語不說話，犯者偷蘭遮罪，應該相互規勸，彼此策勵。這在今日的泰國比丘，確是如此作法的（見《海潮音》四十三卷三月號淨海法師〈泰僧安居記〉），在我們中國的佛教，可說是變了樣的，真正懂得安居律制的人，實在太少了！

安居的起因，是在護生，安居的功用，則在修道。以九十天的時間，一心辦道，任修一種法門，只要精進以赴，當必有所成就，所以安居的功德很大。因此安居以後，佛陀允許比丘受功德衣，可得五種方便利益（另於〈迦絺那衣是什麼？〉文中詳明），破夏的比丘，便不得享受功德衣的方便利益。所以比丘於七月十五日安居圓滿之期，施主應該大施供養，所得的功德，也是最大，因為三月之中的修持，必有很多比丘證得聖果了。這一點，我國未能遵行佛制，出家人如此，在家弟子也是如此。

但是破夏的比丘，除了不能接受功德衣的五事利益之外，其餘一切照常，不會因了破夏而變小了，所以義淨三藏要說：「破夏非小。」而且破夏的比丘，雖不能於解夏之後接受功德衣，但其仍有一個月的時間，能夠享受功德衣的五事利益（安居者可以享受五個月）。五事利益最要緊的是蓄長衣，如果破夏者不許一月乞蓄長衣，勢將裸身一年了，所以佛陀慈悲。

我們再說大乘菩薩的安居。

大乘菩薩的安居，與小乘比丘的安居，在要求上是頗有不同的。菩薩安居不必一定要在夏季，並且不必全是出家人。凡是要修一種法門，限期取證，而能志同道合者，不論在家出家，男眾女眾，均可參與。例如：《圓覺經》的〈圓覺菩薩章〉中，就有安居的方便，茲抄其經文如下：

若復無有他事因緣，即建道場，當立期限：若立長期百二十日，中期百日，下期八十日，安置淨居。若佛現在，當正思惟。若佛滅後，施設形像，心存目想，生正憶念，還同如來常住之日。懸諸幡華，經三七日，稽首十方諸佛名字，求哀懺悔。遇善境界，得心輕安，過三七日，一向攝念。若經夏首，三月安居，當為清淨菩薩止住，心離聲聞，不假徒眾。至安居日，即於佛前作如是言：我比丘、比丘尼、優婆塞、優婆夷——某甲，踞菩薩乘，修寂滅行，同入清淨實相住持，以大圓覺為我伽藍，身心安居，平等性智涅槃自性無繫屬故。今我敬請，不依聲聞，當與十方如來及大菩薩三月安居，為在此二百多字之中，說明了大乘安居的方式、儀則、目的，與比丘、比丘尼的小乘安居法，雖然不同，但也能通於小乘，並能即大乘而代替小乘的安居。也就是說，如修大乘法門的安居，即可根據大乘法門修行，若到小乘安居的時間，也可以大乘安居法，代替小乘安居，不算是違律。

大乘與小乘的最大不同處：第一，大乘菩薩，重在心性的清淨，但能發清淨心，即可修學；小乘聲聞，重在境界清淨，所以不得與比丘尼同住安居，更不得與白衣同住安居，白衣亦無安居之法。第二，小乘安居向僧中白，依聲聞住；大乘安居，則於佛前白，並依十方如來及大菩薩住。第三，小乘的安居制度，毘尼明定，比丘、比丘尼乃在必行必守，否則即得越毘尼罪；大乘菩薩則非必要，安居是為精進修持，不安居也不違背佛制。也許我們中國的出家人，大都是受了大乘菩薩戒的緣故，所以大多不行聲聞律制——實際上未必如此，大乘安居法可以代替小乘安居法，如果到了夏季，不行大乘安居法，仍應遵照毘尼明定的制度，實行小乘安居，要是既不作大乘法安居，也不作小乘法安居，便算是行的大乘法門，那是自欺欺人了！

大乘菩薩的安居法門，在《圓覺經》中所要修的是止、觀、禪那三法。在安居期中，或任修一法，或選修兩法，或三法齊修。因為這是菩提心性清淨之安居，故許在家二眾參加，但也未必不能沒有在家二眾參加，在家二眾也未始不可自行修持。多人可以修，一個人也可以修。

其實，根據《圓覺經》的安居規定看，中國祖師們遵照各種經典，所編的各種懺儀行法，根本就是大乘菩薩安居法門的一種，另有蓮宗盛行的打念佛七以及禪宗的禪七，也可看成大乘安居法的一種。因為凡是限期修持某一種法門而靜處不動的，皆得稱為安居法門。

但是，各種懺儀，以及佛七儀規定的各種事項，今人是很少如法遵行的了，尤其是經懺門庭中的佛事，更不用說了。說來真痛心，祖師們為了便於行者的如法修持，所以編訂各種懺法儀規，後世的僧尼乃至所謂的齋公齋婆，竟拿來截手截腳以後，當作商品出賣！但願我們能將各種儀規，細細地看一遍，然後再來如法行持，否則是有罪過的啊！因為這是通於大乘安居法的，所以順便提及。

在小乘律中，犯了戒律，應當如法懺悔，未犯之前，則無懺悔之理；但在大乘菩薩，不論犯與未犯，懺悔——今生乃至往昔無始以來的罪障，是應該的。因為從無始以來，所造的惡業，無量無數，如不首先懺悔，修持期中便可能有魔障出現，所以大乘安居法，安居之後，要在三七日內，稽首十方諸佛名字，求哀懺悔——這就是需要各種懺儀的原因之一了。懺悔之後，才來修持自己所要修持的法門。這也是與小乘安居所不同的。

懺罪方法，共有三種：無生懺、取相懺、作法懺。又可歸為兩類：無生懺屬理懺，取相懺與作法懺屬事懺。本來，三種懺法不得偏廢。但就事懺而言，大乘重於取相，小乘重於作法。若就受了大乘戒的比丘而言，取相固然重要，作法亦不得忽略。同時，作法懺罪，較為容易，取相懺罪，頗為難得。故在菩薩戒中，輕戒犯了，作法懺，重戒犯了，取相懺。但在中國，作法久已不行，取相亦少見功者。唯在比丘律中，未曾犯戒，不必先懺，故比丘遵制結夏安居之後，亦沒有稽首十方諸佛名字，求哀懺悔的規定。

最後，希望中國的僧俗弟子們，如果環境許可的話，都能如法安居。如想真修持，最好是安居，一個限期不成，再來一個限期。因在今日的風氣，上焉者講求學問，中焉者盲修瞎練，下焉者隨俗同流，至於如法修行的，實在太少。講求學問的，當是好的，最低限度，他不會帶人出軌，他還是勸人修行正道；盲修瞎練的，雖已近似邪見的外道，但還能夠吸引一些愚眾；隨俗同流的，則無可論矣！

（一九六二年八月二十五日於美濃無住樓，《中國佛教》七卷二期）

僧尼應置產業嗎？

照律制來說，出家人（僧尼）是不得儲蓄任何財產的，出家人以樹下坐、行乞食、糞掃衣、陳棄藥，為四聖種。出家人既然出家而入非家，當然用不著財產，也不得有財產了。所以律中規定，比丘不得販賣貿易，不得執持金銀財物，乃至不得蓄衣超過三件。

但是，比丘可以不用財產，佛教卻不能沒有財產；比丘可以樹下坐，林中宿，巖間居，佛教卻需要有其中心的所在。故此即於佛陀時代，佛教也有很多不動產的，譬如：祇洹精舍，共占八十頃地的面積，有一百二十個院落，東西之間，相距十里，南北相去，七百餘步。像這樣大的寺院，今世已經無法再見了。

所以律制規定，比丘不得私有財產，也不得私自經營財產。如若為了整個的僧團，為了三寶，如有信施，供奉田地、園圃、舍宅、店鋪等財產之時，仍可接受的。唯於接受之後，必須交由僧伽藍民——住在寺院中的五戒淨人，或者付與其他的俗人，代為經營，僧人只是計核徵課，收取利潤，以供三寶。

在佛陀時代，不僅此也，即使比丘的僧坊寺院，也是由僧伽藍民管理，那叫作「守園人」，意即看守僧園的人。這在今天的臺灣來說，正合一般管理寺廟的俗人的口味，不過我要說明：佛時的守園人，只是看守打掃，承事比丘，服役三寶，他們絕對無權因看守寺院，而成了寺院的主體，他們只有發心的義務，沒有絲毫的權利。絕不像今日臺灣的寺廟管理人，簡直成了出家人乃至三寶的管理人，如果他們懂得佛理，他們對自己的行為與心理，會感到慚愧的，因為那太罪過了！

出家人能不能置產業，在今日的中國來說，已經很難要求到如律而行。根據佛教的宗旨而言，絕不希望出家的比丘，成為商人市儈，而去經營買賣；但以佛教的需要而言，我們實又不得不希望佛教能擁有足夠的財富，以便從事各項弘化與接引的事業。最低限度，由於我們的時代演進了，我們出家人不能再靠田產收租來維持生活，至於經懺應赴，更是必須改革的生活方式，所以佛教應有其雄厚的經濟基礎，一則自給自足，再則弘揚法化，普濟人群。

依照太虛大師的〈整理僧伽制度論〉來說，佛教的經濟，應該是全國統一的，但就目前而言，尚難於最近期間使之實現。是以我們應該盼望中國佛教會，首先開始籌備一個乃至數個事業機構，從事生產，然後其他各個大小寺院，均能相繼效行。除了屠宰、漁獵、沽酒、製革、販毒、賭博等的惡律儀外，工廠、農場、公司、行號，均無不可。

不過最應注意的一點是：出家人只負審核查察與督導之責，實際的經營者，仍應聘用可靠正信的俗人來擔任；出家人亦不得以其私人名義來籌設事業機構。否則的話，出家人也就不必出家，乾脆就去務農經商好了！

我們很清楚，佛教很窮，但是佛教的出家人，竟又經常都在經濟上打圈子：化緣、做法會、拉人情，無一不是為討幾個生活費，所以有人說：「和尚尼姑不要錢，多多益善。」聽來不但刺耳，簡直就是公開的侮辱。其實，那又能夠討到多少錢呢？真是可憐兮兮！

如果出家人能有眼光，就該從現在開始，籌辦各道場的生產事業，到了自給自足並有盈餘之後，我們無求於俗人，便能做我們的弘法利生事業；如果正信的在家居士能有熱心，也應該協助各自所願協助的佛教道場，成立事業生產機構，一旦生產事業有了基礎，佛教直接受益，在俗的居士們，也可得到間接的利益。

《百丈清規》合法嗎？

禪宗自六祖惠能數起，經南嶽懷讓，復經馬祖道一，傳至百丈懷海，算是第九代了，百丈以下，有希運與靈祐，而分張開出臨濟（義玄）及溈仰（溈山、仰山）兩派，後世則有「臨濟兒孫滿天下」的形勢，實際上今日的出家人，多半確是承接臨濟的法脈。所以我們多半也是百丈的兒孫。

百丈大師對於中國佛教的貢獻，在組織制度及叢林規式上的建樹，於中國佛教史上，堪稱空前，那就是因他參考律制，適應環境，編纂《百丈清規》。編纂的時代，是在唐朝，《宋高僧傳》卷十說百丈大師：「以元和九年甲午歲（西元八一四年），正月十七日歸寂，享年九十五矣。」那麼他是生於玄宗開元七年（西元七一九年）了。這正是唐代的中葉（唐代是自西元六一八至九〇七年）。但據弘一大師說：「其後屢經他人增刪。至元朝改變尤多，本來面目，殆不可見，故蓮池蕅益大師力詆斥之。」

蕅益大師說：「正法滅壞，全由律學不明……即《百丈清規》，久失懷海禪師本意，並是元朝流俗僧官住持，杜撰增飾，文理不通，今人有奉行者，皆因未諳律學故也。」又說：「非佛所制，便名非法，如元朝附會《百丈清規》等。」又說：「《百丈清規》，元朝世諦住持穿鑿，尤為可恥！」

弘一大師又說：「按律宗諸書，浩如煙海，吾人盡形學之，尚苦力有未及，即百丈原本，今仍存在，亦可不須閱覽，況偽本乎？」

一般人不知佛門有戒律，卻無有不知佛門有清規者，《百丈清規》之對中國佛教的影響，可謂鉅而且深了。可是《百丈清規》的傳流改變而已面目全非者，知道的人就不多了。

中國的農村社會，今後必將改變而成新興的農工業社會，由農村社會的影響下，所產生的中國禪林規模，今後也將不復再起，禪林生活下《百丈清規》的作用，勢必跟著隱退。所以今後佛教的重整與復興，不用再提清規二字，但能恢復戒律的精神，佛教自然就會復興了。

破和合僧怎麼講？

破和合僧者，一劫墮大地獄。所以，和合僧是破不得的。但是幸運得很，今日的中國佛教徒中，很少有人能犯這條罪的！因為和合僧不是隨人、隨便、隨時、隨處可以破得了的；尤其是在家二眾，乃至出家的小眾，根本是不夠資格犯這條罪的。所以不可將破僧的帽子，隨便給人亂戴。破僧分為兩種：

（一）破羯磨僧。要在界內，有八個比丘以上，以一比丘起而號召四人以上，別行僧事，另做羯磨，使僧團破裂為兩分，這才叫作破僧。因為四人以上的比丘眾，方名僧伽，如果只有一個比丘乃至七個比丘，雖不和合，乃至鬥爭相罵，亦非破僧。在家居士，鬥訟兩頭，令僧不和合，乃是犯的兩舌謗僧或說出家人過的罪愆，但卻不成破僧罪。

（二）破轉法輪僧。輪是八聖道分，令人捨去八聖道而入八邪道中，便是破僧輪。但是破僧輪者，必須在九人以上的比丘僧團中，有一人起而自稱是佛，另有四人比丘眾為之附從，使僧團分裂為邪、正兩部，才得名之為破轉法輪僧。因為女身不能成佛，成佛須轉男身，所以比丘尼也不能破轉法輪僧，只能破羯磨僧。

論僧衣

幾年前，有感於僧服的許多問題，就想寫一篇文章討論，但因資料不足而擱下了。現在我對這一方面的資料蒐集，雖稍加強，當然還是不夠。唯因好多師友，每當談起此一問題，都希望我能做一個概要的說明，或可拋磚引玉，引起大家的注意與討論，而期共同解決。當然，這不是一個絕對重要的問題，所以過去，我們的祖師先哲，也少有道及。正因如此，也就很少為人重視，一般人也就不懂得它了，故此一談，似有必要。

一、衣是什麼？

衣之為物，一般人以為是指由布帛綢緞，縫製好了可以穿著到身上的東西之謂，其實不然。梵文的「衣」字，相當於我們所說的「布」字。故在佛陀時代的印度，共有十種不同質料的「布」，也就稱為十種「衣」，所以佛陀許可弟子們接受十種衣，但是十種衣者，絕非十種式樣的衣服。如果佛陀生在今天，布的種類多了，佛所許可的範圍，也許會隨之放寬。雖然佛陀為了制止弟子們的貪心，並且護惜施主們的信心，不許弟子們乞求貴重的布料，但是如有信施虔誠供養「貴價衣」，仍然是許可接受的。

二、檀越施衣

至於這些「衣」的來源，有兩種可能：一是「檀越施衣」，一是「糞掃衣」。所謂「檀越施衣」，又有兩種方式：一是「襯施」，一是「單施」。關於「襯施」，在我國已經有些變質，絕大多數，都是在做經懺的佛事壇上，除了應分而預訂的單子錢，另加一紅包，就叫作櫬錢，並將「櫬」字，改為「䞋」字，表示是錢幣，而不是衣帛。但在佛陀時代，只有齋僧，齋供完畢之時，請僧說法，那就是做的大佛事，並沒有今天這樣的所謂做佛事，請和尚或尼姑念幾卷經、拜幾支懺。佛時的齋主，有錢人家，除了以飲食供養齋僧，並在供齋的同時，一人供獻一塊布，這便是「櫬」了。布的質料和布的大小多少，但看齋主財力及其發心的程度而定。所以出家人得到櫬施之後，不一定就能夠做成一件衣服的。有時間積聚了好幾家齋主的櫬施，才能湊成一件衣服。至於「單施」衣料的機會，當然也有，但是並不常有。尤其很少有如齋僧一樣普施的機會，因為布料要比飲食貴得太多了。

三、糞掃衣

好多人以為，所謂「糞掃衣」便是壞色衣，因此以為今天中國僧人所穿的灰色衣服，便是糞掃衣。其實，佛陀雖然希望比丘依止糞掃衣而住（為出家四依止之一），並且常常鼓勵讚歎糞掃衣的功德；在佛的當時，固有很多苦行比丘是終身披著糞掃衣的，但也有很多弟子是不披糞掃衣的。尤其是比丘尼弟子，佛陀並不鼓勵她們披著糞掃衣。特別到了我們中國，根本不可能有糞掃衣讓出家人穿著，最多是老修行穿得破爛一些的衲衣罷了。

那麼，什麼是糞掃衣呢？依照大律中說，共有十種糞掃衣，即：1.牛嚼衣、2.鼠囓衣、3.燒衣、4.月水衣（月經布）、5.產婦衣（血汙布）、6.神廟中衣、7.鳥啣風吹離處者及塚間衣、8.求願衣、9.往還衣、10.受王職衣。以上十種糞掃衣中，我們可以看出，都是一些骯髒布料。如在中國，要是拿女人家的月經布來做出家人的「如來衣」，豈不視為最大的不敬。同時在中國，因為風俗不同，故也沒有那許多骯髒布來給出家人拾取去做衣服的。最重要的糞掃衣的來源，在佛陀時代的印度，是塚間衣，也就是死人的衣服。因在印度，人死之後，往往是不必埋葬的。死人的血肉腐爛掉了，衣服還可以撿起來給出家人派上用場。允許出家人從死人身上剝衣服，這在中國來說，剝奪死人的財物，簡直是豈有此理。不過所謂「塚間衣」者，往往也是葬屍之時，死人的家屬為死人留下或拋棄的生前衣物，及其家屬所穿的送葬衣——類似中國的孝服或喪服。故每見塚間有死人送到，就有一些依止糞掃衣的比丘，前去拾取死人及送葬者的衣服，其中有壞的髒的，也有很好很貴重的，這些衣服，比丘們拾回去洗染香熏之後，就可以改製使用了。

四、僧衣的來源與種類

一般人只曉得出家人的隨身物，小乘比丘是六樣：三衣缽具濾水囊。所以有些標榜持律的人，即使對此六樣東西的本義，尚未徹底明白，也會將之攜帶得牢牢的。並且以為三衣是衣，缽具和濾水囊就不是衣。其實，凡是用布做的東西，無一不是衣。而且唯有在人間遊行時的比丘，僅此六物，但是阿蘭若處住的比丘，就不應該僅此六物了。

至於出家人究竟該有幾種衣？這就要推究衣制的來由了。佛在成道以後的最初五、六年中，根本沒有制出戒律的條文，只有原則性的規範。所以也談不上衣的制度與規定。除了披著的方法及其式樣，跟俗人和外道不同而外，並沒有限制比丘應該有多少件衣服。後來有一年的冬季裡，佛與弟子們同在人間遊行乞化，佛陀看到弟子們得到很多衣料，有的戴在頭上，有的掛在肩上，有的纏在腰際，看來既失威儀，大家也很累贅，於是計畫衣的限制了。那時正是印度的隆冬，當天晚上佛陀親自試驗：初夜披一件就夠了；中夜時覺得冷，於是加上一件；後夜時，還覺得冷，於是再加一件，也就足夠禦寒了。因此制定比丘不得超過三衣，這就是所謂三衣的來源。

但於制定三衣之後，關於衣的問題，並未就此解決。年紀老的比丘睡覺時需要墊的，於是佛聽許有臥褥；坐時要軟些，佛許有坐褥；睡時要枕頭，佛陀也允許了；而洗臉要面巾，洗澡要拭身布，洗腳要揩腳布，頭上怕冷的可以戴帽子，腳上不慣赤腳的可穿鞋；比丘雨天在露地脫光了身子洗澡，有礙觀瞻，於是准許有雨浴衣；比丘身上生了膿瘡，把衣服染汙了，因此佛許有覆瘡衣。後來阿難出家了，因為阿難是佛弟子中的美男子，阿難穿起比丘的三衣，偏袒右肩，露出右邊的胸脯，使得婦女們看了，往往為阿難招致許多「愛」的煩惱，因此，佛陀聽許阿難著覆肩衣。再後來比丘之中，有的因為比丘沒有內衣，到人間遊行乞食時，被風吹起外衣，暴露了下體（當時的印度民族皆不穿褲子），佛又准許比丘們入聚落乞食穿著內衣（或叫下裙）。後來有女人出家了，最初的比丘尼們，袒露胸臆，遭到譏嫌，佛陀便乾脆在三衣之外，規定為她們加上覆肩衣和內衣。在中國，尤其是古代的禮俗，衣冠楚楚者，才算禮貌周全與慎重；在印度的佛制，則完全相反，凡為禮佛請法承事師長，皆應脫鞋洗腳，偏袒右肩。但是女人出家，露臂猶可，袒胸自有不便。比丘暴露下體，既是有礙觀瞻，比丘尼自亦不能例外。但是女性的出家人，僅此五衣，還是不夠。她們不得於雨天在外間露浴，於河池之中，亦有不便，故許有浴衣；另外，為免月經來潮，將衣服弄汙，佛又准許她們蓄有病（月水）衣。依照凡是布做的東西都是衣來說，現在我們算算看，僧衣已有多少了？除此尚有被褥、坐具、臥具、裹革履巾、攝熱巾、襯鉢氈、針氈、剃髮衣、剃刀囊、禪帶、腰帶等，這些都還沒有計算進去呢！如果環境不同，適應需要，尚可隨緣增加。在《根本說一切有部尼陀那目得迦》中，規定有十三種衣：僧伽胝（僧伽黎），嗢呾羅僧伽（鬱多羅僧），安呾婆娑（安陀會），尼師但那，裙（內衣），副裙，僧腳欹（覆肩衣），副僧腳欹，拭面巾，拭身巾，覆瘡衣，剃髮衣，藥直衣。其中最特出者是藥直衣，備為病時換取醫藥。《根本說一切有部尼陀那目得迦》卷八中說：「其藥直衣，不應浣染，應持新氎，並留其縷。」如果舊了，便不值錢了。這是因比丘不蓄金錢，為防急需之備。義淨三藏說：

「西國畜白氎一雙，此方當絹一匹也。」其實中國比丘殊少持銀錢戒者，故此亦無必要了。因此，衣之為物，可以分作三大類：

（一）制衣：安陀會、鬱多羅僧、僧伽黎。

（二）非衣：亦名小小衣，梵語稱為波利迦羅衣，便是除去制衣之外的種種小衣。

（三）聽衣：由於地理環境及其氣候與風俗的關係，隨緣增加的衣服。

說來也真有趣，我們中國及日韓等國的出家人，竟把聽衣，當作了常服，三件制衣，卻當作了莊嚴用品，中國一般的比丘，若非住持當家，也不登壇放焰口的話，除了鬱多羅僧，就不再有僧伽黎了，至於安陀會，更加用不著。再說日本，更為簡便，日本的已婚婦女，背後腰際，綑一個布包，做為和服的裝飾，日本的和尚，則在胸前掛一只布包，做為制衣的標誌，這也真是太過象徵化了。於此可見，衣的問題，確有值得吾人研究和改進的必要了。

五、三衣是什麼？

比丘的三衣，都是披的，不是穿的。據說，佛陀初度五比丘出家，服飾仍舊隨俗，後來佛以天眼觀知，過去諸佛，教其弟子著衣，皆如色界五淨居天所著衣服（淨居天雖屬色界，卻為三果聖人所居，故小乘以之為淨土）。其所謂衣，只是一塊長方形的布。最初的三衣，並沒有規定條數與塊數，也不是割截以後再予拼湊而成的，故也沒有五條、七條、九條衣的名稱。佛陀僅僅規定可以有三種衣，三種衣的區別，並不在條數的多少，而是在其層數的厚薄。如果是做新衣，「安陀會」與「鬱多羅僧」，都是一重，「僧伽黎」則為二重；如用舊衣拼湊，「安陀會」與「鬱多羅僧」，都是二重，「僧伽黎」則為四重；若用糞掃衣做衣，重數多少，則可隨意。

這三種衣，在重數上說，安陀會與鬱多羅僧，並無分別，只有僧伽黎是不同的，但從長度與寬度上說，雖各部律中，並不一致，大體上說，安陀會的長度是佛的四肘（約為常人的三倍），寬度是佛的二肘，鬱多羅僧及僧伽黎，則同為長佛五肘，寬佛三肘。因為安陀會的意思是「作務衣」，也可以說是工作服或襯體衣，勞作時、行路時、平時，乃是隨身不離的，所以較為短小，而使行動靈活。今人受戒，製五衣稱為安陀會，並與七衣、大衣等寬等長，該是錯的！

但是，衣的大小應以各人的身體為準，故在《根本說一切有部尼陀那目得迦》卷二中說：「如世尊說：稱肘量衣方合持者，若人身大肘短，……此人應取身量為衣。」

鬱多羅僧，譯為「入眾衣」，凡是聽戒聽法，隨眾之時，均於安陀會外，加披鬱多羅僧。僧伽黎譯為「重衣」或「雜碎衣」，唯有行化乞食，進入聚落王宮之際，說法教化之時用之。

僧伽黎，在中國佛教中，乃是最最嚴正而神聖的衣了，尤其將二十五條的鑲金大衣，稱之為「祖衣」，以為只有傳祖接法的人，才夠資格披它。其實，僧伽黎之本義，確有其神聖性，唯與中國的觀念，稍有出入。在佛陀時代，比丘行化人間，往往露宿野外，或在臨時的旅舍借宿，夜間氣候較涼，必須有其禦寒的東西，這就是僧伽黎的主要用途了，正因僧伽黎要當作被褥來用，故其製作的重數，要比其他兩種衣厚些。所以也規定比丘外出行化，不得無故離衣而宿。

特別值得一提的，僧伽黎叫作「雜碎衣」，它可以用舊衣拼湊上去，可以用糞掃衣重疊而成，有的以糞掃衣重重拼湊衲補，重得使患病及老年比丘負荷吃力。故其絕對不是今日經懺門中用來做為莊嚴的東西了。

至於割截而成的「福田衣」，是在阿難隨佛出家以後的事了。當時的印度社會，治安並不理想，土匪與小偷到處出現，比丘們披了新衣，在人間遊行，往往就會遇到那些翦徑的「好漢」，比丘身無長物，所有僅是三件披衣，那些整塊的布料，比丘固可製衣披著，俗人稍予修改，照樣可以披著。因此僧衣被剝劫一空，只剩下光條條的人放回僧團的事，屢有發生。即使住在僧團之中，或住阿蘭若處，衣服失竊的事，也屢有所聞。佛陀為此，頗為關心。

有一天佛往南方遊行，在路上看到道旁的耕地，一方方，一塊塊，溝畦分明，田畝齊整，心裡很高興，便指著田野，對阿難說：「你能教比丘們製作這樣形式的衣嗎？」阿難是很聰明的，他一口便答應了一個「能」字。「福田衣」遂如是做成。後來佛陀又告訴大家，像這種割截而成的衣，過去一切如來，以及如來的弟子，都是這樣做、這樣著的。一則其形如田，比丘披著可由善信來供養種福；再則割截分裂，盜賊劫之無用，可以減少比丘們的損失。至於衣的條數，在《四分律》中，佛陀說：「應五條，不應六條；應七條，不應八條；應九條，不應十條，乃至十九條，不應二十條。若過是條數，不應畜。」

今日的二十一條至二十五條，只有《根本說一切有部毘奈耶》中許可，其實，《梵網經》中只說五條、七條、九條；世尊交付迦葉待傳彌勒之衣只有十三條；《摩訶僧祇律》中，只有十五條衣。

至於二十五條衣的尊卑高下，明末蕅益大師，曾有如此的評斷：「僧伽黎，本九條，或十三條，貧窶無措，事不獲已，乃用二十五條，名後後品，非上上品也。」今時以九條為下下品者，可謂謬之甚矣。因為大家只以二十五條製作費時，條條鑲嵌，光輝奪目，所以認為上上品，事實上，佛時的比丘，根本不許鑲嵌，窮不得已，只好用舊衣碎布，塊塊拼補，條條衲湊。反正是以禦寒為目的，不以莊嚴為要務。再說，佛陀也不許比丘們披著超過二十五條以上的僧衣，其理由乃如《根本說一切有部毘奈耶》卷十七所說：「過此已上，便成破納。」今人以為衣不得沾地，衣亦不得壓在身下，坐於臀下，這種尊敬佛衣的態度是值得尊崇的，在中國的佛教中似也值得實行的。但是安陀會，隨身著，臥時總不能脫光露體；僧伽黎可以夜宿禦寒，也不能不將身體壓到上面；至於鬱多羅僧，律中有明文規定，如於客處宿時，未帶尼師壇，恐將客處臥具汙損，則將鬱多羅僧，摺疊襯體而臥。另有衣破不得補的規定，出於《五百問經》，蕅益大師考證此經乃是偽出，衣可衲，何以破而不得補？事實上，在各部律中，都有明文規定，衣具破了，即應修補，實在破得不能補了，才予廢物利用，或泥牆，或做燈炷。

大家並也以為，凡是三衣，都是割截而成，最少不得少過五條。事實不然，比如安陀會的製作法，就有割截、褔葉、褋葉、縵作的四種；並在必要時，三衣可以互相代用，故在三衣之中，各各都有正、從二種的類別。

六、什麼是尼師壇？

「尼師壇」，也是衣的一種，它在中國佛教中的地位，很含糊。有的說是坐具，有的說是臥具，有的則說坐具臥具。在梵文之中都叫作「尼師壇」，因此乾脆含糊其辭，名之曰「具」。如以字面的解釋，具者供設或設備的意思，它的原音是尼師壇那（Niṣīdana），乃是敷具。也就是說，凡為敷設的東西，均可稱為尼師壇，那麼，床褥、床單、坐墊、坐褥，都可稱為尼師壇了。至於今日的中國出家人，所用的拜具，在律中是沒有根據的。拜的時候，最恭敬者，乃是五體投地，否則即為我慢禮。後世中國比丘，竟用一塊布，先將地上鋪好，美其名曰「展具」，並以展的面積愈大，愈能將禮拜者的全身承受於拜具之上，愈是莊嚴隆重，其實嚴格地要求起來，這是屬於我慢禮的一類了。唯已無從查考，具而做為布地禮拜之用，係出中國哪一位祖師的發明？唐代義淨三藏，已經評及此一陋習。義淨三藏在《根本說一切有部毘奈耶雜事》卷五中說：「應知文言坐具者，即是量長於身，元擬將為襯臥之具，不令敷地禮拜，敷地禮拜，深乖本儀。」又在《南海寄歸內法傳》中說：「禮拜敷其坐具，五天所不見行。」南傳的泰國，有用禮布敷地禮拜的習慣，那也不合律制，故在《南海寄歸內法傳》中也說：「西國苾芻來見，咸皆莞爾而笑也。」

還有，因為文字的傳譯，有了隔閡，直到如今，我們尚未明確地認定「尼師壇」的本義，在律中也頗含混，此當屬於譯時的困難而成。唯於律中，我們可以發現一處記載，尼師壇不是坐具也不是臥具的本身，而是另外一樣東西。在佛的當時，證到四果的弟子，固然很多，但是也有一些年輕的初出家比丘並未斷欲的（初果斷邪淫，三果斷淫欲），故在睡眠之中，尚有遺精的現象，因此把臥具弄汙了。佛陀發現此一事實之後，首先將比丘們訶責了一頓，隨即開示離欲之道，並且准許比丘們做尼師壇，用來「障身、障衣、障臥具」。以此可見，尼師壇既非坐具，亦非臥具，而是別有所指的另外一樣東西。大律中說尼師壇的長度約佛的兩磔手半，寬度約佛的一磔手半（佛陀一磔手，約為兩尺長）。那麼，尼師壇是一塊四、五尺長，兩、三尺寬的襯身布了，相似今人床上鋪的襯單了。

《四分戒本如釋》云：「尼師壇者，坐具也，謂坐臥時，敷於臥具之上，隨臥隨坐，無令垢膩，汙於臥具，今時將敷地上禮拜，深乖本儀，訛替之甚，其來久矣。」

《南海寄歸內法傳》卷三云：「禮拜敷其坐具，五天所不見行。……其所須者，但擬眠臥之時護他氈席，若用他物新故，並須安替，如其己物，故則不須，勿令汙染，虧損信施，非為禮拜。」

可見尼師壇，或坐具，根本不是臥具與坐具的本身，至於用來禮拜，即在五印度的佛教之中，也是未曾見過的事了。比丘人間行化，客宿他處，恐汙他處臥具，招嫌損福，所以佛制比丘，應該衣具隨身。

至於尼師壇的製作法，律中各有所出，茲舉兩例：

（一）《十誦律》云：「新者二重，故者四重。」

（二）《根本說一切有部毘奈耶》云：「凡為坐具，應作兩重，染令壞色，疊為三分，在下一分，應截斷作葉，與三衣葉同，四邊安緣。」

按照律制規定固然許做兩重新具，但須將舊具撕裂，貼於新具的四緣四角，一則廢物利用，再則使之堅牢，三則表示壞色。後世國人每做新具，亦於四緣四角貼四塊顏色不同的新布，竟然妄稱是四天王，如將四天王臥坐於身臀之下，該有多大的罪過了？

七、袈裟怎麼講？

一般俗人以為出家人的衣服，就叫作袈裟，把大袖寬擺的海青叫袈裟，也把漢裝的長褂叫袈裟。當然，這是俗人的外行話。但是佛門中的內行人，也未必見得全都知道袈裟是什麼東西。以為五衣、七衣、大衣，便是袈裟。實際上嚴格地說，大紅祖衣，就不是袈裟；今日南傳佛教的比丘們穿的那些黃色的披衣也不算是袈裟。因為袈裟（Kaṣāya）一詞，根本不是衣的意思。它可以譯成好多種意思：不正、壞、濁、染、雜等等。所以凡是不正的、染壞的，均可稱為袈裟。佛陀規定弟子們應該穿壞色衣，不得穿正色或顯色衣，故此名佛子的衣服為袈裟。佛衣以袈裟名之，遂以袈裟成了佛衣的別名。其實袈裟，不但可以名佛衣，也可以名其他的東西，比如：食物的五味之外的雜味或壞味，便可稱為袈裟味。可見袈裟一詞，不僅是佛衣所專用，也不一定即是衣。

所謂壞色，也有多種，糞掃衣可能是壞色衣，但不全是壞色衣。真正的壞色衣，佛陀教弟子們用樹皮煮汁，或用汙泥漬汙；且在新衣之上，必定另加舊衣的「貼淨」，即是用舊衣的舊布，在新衣上加貼一塊，以示壞「式」。但是中國佛教的比丘製衣，在新衣搭肩處，以一小塊同色同質的新布貼上，本意象徵貼淨與用作障汙，後世釋子，不知所由，竟妄指為須彌山，並於同處兩畔，更加兩貼，謂之日月繞須彌，簡直是胡鬧！

還有一種壞色的方法，叫作「點淨」，即在新衣的任一已染的顏色之上，另以其他顏色將純一染色的新衣，點上一塊色漬。律中規定，比丘衣，允許有青、黑、木蘭（近似熟桑椹色或咖啡色）的三種顏色，仍非壞色，必須以本色之外的兩種顏色點淨之後，方始算是壞色，如是青色衣，須以黑與木蘭色點淨，如是木蘭色衣，須以青與黑色點淨。

關於點淨的方法，《摩訶僧祇律》中有如此的說明：「極大齊四指，極小如豌豆……或一、或三、或五、或七、或九，不得如花形。」

所以袈裟一詞，含有「壞式」與「壞色」的兩重意思，它的目的，並不故示道行，乃在破除比丘們的愛好與貪著，如果為了衣飾的莊嚴，時時整齊愛惜，比丘們便不能一心向道了。所以道人而穿著樸實者，確為應當的事。

我們只知道佛陀規定難陀尊者，披著黑色衣，因為他的形相有些像佛陀，弟子們遠處見到難陀，嘗誤認是佛，所以要他披著黑色衣以為區別。至於佛陀及僧團中比丘大眾的常服，究係何種顏色，則不得而知，如說青、黑、木蘭，三色隨意披著，則不應特令難陀尊者獨披黑色。但總不是今日南傳佛國比丘所披的黃色「袈裟」，依律佛陀不唯不聽許比丘披著大紅大黃，即使青、黑二色，也非純青純黑，才合乎規定。至於南傳佛教的黃色衣，究竟有什麼來歷，應不應該作「貼淨」與「點淨」，亦不得而知。但就事實而言，黃色僧服上，好像沒有貼或點的跡象，也許跟中國一樣，由於傳訛而來，或者他們另有律本的依據，亦未可知。唯有在《舍利弗問經》中，佛陀曾預記：「摩訶僧祇部，應著黃衣。」但在佛世的比丘，絕無著黃色衣的。

如要嚴格地說，我們今日的比丘，不分中外，並沒有真正地披著「袈裟」衣，試問：誰見哪一個比丘的衣上貼一塊舊布，或漬一些其他的顏色了？所以「袈裟」之在今日，已是不可多見的東西了！

八、誰夠資格著佛衣？

佛陀制衣，當然是為佛及佛的弟子所受持，所以佛衣乃為佛子所著。但是佛子分為出家與在家的兩大類。出家弟子固然應該披著佛衣，在家的佛子，是否也該披著佛衣呢？若以小乘律來說，毫無疑問，三衣缽具，比丘、比丘尼之所專有，在家人不必用也用不著。然而大乘《梵網經》的輕垢戒第四十條中，就有這麼幾句話：「一切國王王子，大臣百官，比丘、比丘尼，信男信女，婬男婬女，十八梵天，六欲天子，無根二根（根者性器官也），黃門（無性器人或閹人），奴婢，一切鬼神，盡得受戒。應教身所著袈裟皆使壞色，與道相應。皆染使青黃赤黑紫色，一切染衣，乃至臥具，盡以壞色，身所著衣，一切染色。」

這一段話，看來頗為含混。不明白衣制的宗旨及其本義者，很易迷糊誤解。因此有些只知傳戒而不研究戒律的出家人，便把佛制的三衣乃至缽具，一概送人情；凡去求戒，不論在家戒、出家戒，一律奉准受持。此種陋風，不始於晚近的喪頹，即在明末之際的蕅益與蓮池諸大師，已在大聲疾呼，極力抨擊了。

其實，菩薩戒，六道眾生，除去地獄，但能理解法師語者，無不可受，佛制的三衣，卻不能夠通行於五道一切眾生。但如明白了袈裟即是壞或染的意思之後，問題就簡單了。因為「應教身所著袈裟皆使壞色」，並不即是要求受了菩薩戒的人，都去披著出家的三衣，三衣固然是染壞色，受了菩薩戒的在家俗服，也可染成壞色，壞色是袈裟，袈裟則不即等於出家人的三衣。另外，前面已經講到，所謂壞色，應該包括貼淨和點淨在內。那麼，若在俗服之上貼一塊舊布或塗一團其他的顏色，豈不就是袈裟了嗎？

最重要的一點，我們尚未提出，即是佛時的印度人，除了出家的沙門，俗人皆稱白衣。所以要稱白衣者，乃因當時的印度俗人多著白色的衣服。正如今日的泰國，由於氣候炎熱，白色可以將陽光的熱度反射出去的緣故，所以多半的俗人，也愛穿著白色的服裝。準此而論，佛陀規定受了菩薩戒的一切弟子們，為了「皆應與其俗服有異」，所以要「皆染使青黃赤黑紫色」成為壞色。再說，青黃赤黑紫，也非即是壞色，而僅算是染色，在各該染色上加以貼淨或點淨，方算是壞色。如果明白這樣的道理之後，在家菩薩戒弟子，便不會披著三衣了，再說，正因為後世的出家三衣，並不曾變成規定的「壞相」，所以在家菩薩戒弟子，也想來披著高興一番。但在訶梨跋摩尊者所造的《成實論》中，聽許在家弟子，蓄一禮懺衣，染作壞色，縵條而披，但許佛事堂中披著。如要披著比丘的三衣，即使是五條衣，也有很大的罪過！

為什麼有罪過呢？因為現時的比丘三衣，稱為福田衣，所謂福田，是由比丘、比丘尼披著去接受在家信施的供養種福，那麼在家居士披了福田衣，究竟讓誰來種福呢？

不要說是在家居士，就是出家的沙彌、沙彌尼，也是不夠資格披著三衣的，這有幾種理由：沙彌未入大僧數，沙彌的行坐住臥，皆應位於比丘僧之次。沙彌應承事和尚與同和尚（比丘戒滿十夏者為同），阿闍黎與同阿闍黎（比丘戒滿五夏者為同），沙彌應讓齋主知道是沙彌而非比丘，沙彌要使大家知道是沙彌而非比丘。

因此沙彌的服式，便不得與比丘相同。沙彌不得披著安陀會、鬱多羅僧、僧伽黎。沙彌只能披著無縫縵條的染色衣，稱之為「縵衣」。其與在家弟子所不同者，沙彌一經出家，終年披著縵條衣，在家弟子則限於佛事堂中披著縵條衣。沙彌只有二衣，一是縵衣，一是下裙，故在僧中分衣時，也僅得分取比丘的三分之一。

至於俗人披衣，我以為是不必要的，果願遵照佛制，穿著袈裟的話，就請在他們的俗服上，加一番貼與點的手腳，那也是袈裟了。

九、結語

關於衣的傳授，現行的《傳戒正範》，確有修改的必要。我國的戒場，一向是在受了沙彌戒後，戒子便可受持五條和七條衣了。按律制說，此一受制衣的儀節，應該放在比丘戒時才始合理。也許在大陸時期，人之出家，殊少將沙彌、比丘、菩薩的三壇大戒分期傳授的，反正一到戒場，三壇大戒，便可連續受完，同時為了教學儀禮，及披衣著法，也須預先演習，所以三衣的授受階段，也就沒有嚴格地講求了。然為衛護佛制，寧可另想方法，也應改正此一錯誤，否則，新戒受戒以後，便以非法為法，法為非法了。

再說過去有人傳在家戒時，也將尼師壇授與在家居士。前面已經說過，具之為物，因為佛制規定，不備三衣缽具，比丘不能登壇受戒，所以至今不得貿然廢除（事實上根據律文，所謂三衣缽具，是指三衣與缽的具備，並不包括坐具），但對在家居士而言，佛制沒有這個規定，我們自也可以不必畫蛇添足了。

至於缽之為名，華語「應法器」，專為比丘應供化齋而用，居士不應人天之供，何必也要人情一番！

現今臺灣的各戒場，對於在家菩薩戒子，已經不授三衣缽具，該是可喜的現象。

最後抄錄幾句迦葉尊者於結集毘尼時所說的話：「若佛先所不制，今不應制；佛先所制，今不應卻。應隨佛所制而學。」那麼中國的比丘釋子，已制了多少，又卻了多少？應該還是不該？

（《覺世》一八五—一八六期）

迦絺那衣是什麼？

迦絺那衣這樣東西，實在不易懂得，尤其是由迦絺那衣而來的「迦絺那月」，更加使人摸不清楚（此非本題，姑從略）。我在受戒時，戒和尚講比丘戒，講到迦絺那衣，大家莫名其妙，很多戒兄問我，我也跟他們一樣地莫名其妙。受戒之後，披閱律典，每逢提及迦絺那衣，雖加特別注意，仍是不得要領。原因是我們中國佛教中，從來沒有這樣東西，誰也不曾見過。

事實上，迦絺那衣之在比丘、比丘尼，非常重要，它由安居而來，中國佛教不重安居，叢林之中，雖有安居之名，但也僅有其名而已。迦絺那衣本由安居功德而來，所以稱為功德衣，中國禪門的叢林，安居之後，卻沒有功德衣可受，即使受了，也沒有用處，所以也就省了。

依照佛制，比丘、比丘尼每夏必須安居，從四月十六日到七月十五日為安居期，若有為了三寶的事故，可延遲一月到八月十五日；前者稱前安居，後者稱後安居。但是每一比丘、比丘尼必須安居，在安居期中，若有三寶的公事，須外出者，可受七日法，外出七日；最長的可以在僧中白二羯磨，外出半月乃至一月。皆不算破夏，仍可以享受結夏的功德利益。

安居期滿，有四事應做：1.自恣，2.解界，3.結界，4.受功德衣。

現在我們要談的，便是第四項受功德衣。

安居期滿，照例受功德衣，但是根據《十誦律》的規定，有五種人，不能接受功德衣的：一者無歲（在本夏安居期中受戒者，尚未滿足一夏，故稱無歲），二者破安居（不合規定安居，或者沒有安居），三者後安居，四者受擯（因為犯戒而被僧中擯除者，擯有滅擯、驅擯、默擯三種，非於此處能詳，姑從略），五者別住（因為犯戒而受別開眾人而住的處分者）。

為什麼要把功德衣看得如此神聖嚴重？因為受了功德衣的人，可有五種方便利益可受：一者蓄長衣（除了三衣之外另有衣者，便是長衣），二者離衣宿（佛制比丘、比丘尼，不得三衣離身他處宿），三者別眾食（四個比丘以上別聚一處乞食食，稱為別眾食，佛制不許），四者輾轉食（吃了一次正餐，移位再吃，便算輾轉食，佛制不許），五者食前食後不囑比丘可以入聚落（辰時為食時。從見明相至吃飯時稱為前，從吃飯時到日影正中稱為後。佛制比丘不許於日中之前不告知同住比丘便往聚落中去）。

以上五點在佛制的僧團中，算是特權的享受，所以看得很神聖很嚴重，如果比丘而失去了受功德衣的資格，那是很可恥的！今日的泰國，仍把解夏受功德衣的古制，看得很隆重。但在中國，根本不受任何約束，故對迦絺那衣，也就不關痛癢了。

至於功德衣究竟是一樣什麼東西？律中說：若得新衣、檀越施衣、糞掃衣的任何一種衣，四周安緣，五條，裁作十隔縫治。做好以後即日在大眾僧前白二羯磨，由一人代表大眾受持功德衣。功德衣的本身，只是代表性也是象徵性的東西，受持之後，即予收藏，沒有披搭之理。由一人代為受持之後，安居的大眾同住比丘也就受了功德衣了，直到臘月十五日至。

但有十種因緣，可捨功德衣（詳見律中，文繁從略），功德衣的時限雖有五個月，從七月十六日到十二月十五日，可以享受五種利益，如若自己願意刻苦，或者所求的願望已經達到，便可隨時捨去，甚至在受功德衣的當時，即可捨去。如果貪得無厭，雖到時限，仍不願捨者，時限一過，不捨也等於捨了。捨功德衣的時限一到，仍然集眾，在僧中唱捨，這是團體公式捨法；個人單獨提前捨者，但心作念於某時捨，到時即成捨。

功德衣對比丘、比丘尼的最重要處，乃在「蓄長衣」的開禁。從每年的十二月十六日到第二年的七月十五日的七個月之中，稱為非衣時，比丘不得非衣時中乞衣，除非遇到難緣，失去了三衣，才可以乞衣，否則非時乞衣，便成犯戒。在受功德衣的期間，即使不缺少衣服，也可乞求，乞到之後，需用則用，不需用則經淨施，即可收藏備用（淨施是將所得之物，對人說淨，心捨與他，實則已用，也就是私有長物的公開化）。故在七月十六日至十二月十五日的五個月中，稱為衣時。

至於不夠資格受功德衣的人，也有乞衣的機會，不過只有一個月的時間。從七月十六日至八月十五日的一月之中，可以乞衣，過時便不許。也就是說他們在一年中有十一個月是非衣時，僅有一個月是衣時。

律文之中的「無迦絺那衣一月，有迦絺那衣五月」，很多人不會解釋，我在最初，也是不得其門而入，但在《摩訶僧祇律》卷十一中便可看到：「衣時者，若無迦絺那衣，得至八月十五日；有迦絺那衣，得至臘月十五日。」這就明白了，所謂無與有，實即無資格受與有資格受的分別而已。

僧裝的統一與改良

前此筆者寫一篇〈論僧衣〉，仍覺意猶未盡，故此再為略抒所感。

就僧團生活的型態上看，中國的佛教與印度的根本佛教相比，可以說是全部走了樣的。中國佛教，有中國佛教獨特的精神，中國的比丘，也有中國比丘的另一種生活方式。我們不必托鉢乞食，我們也不必「盡形壽」受持三衣，佛制三衣是為比丘們遮身和禦寒，所以不能一時或離。尤其是名之為安陀會的襯身衣，如果離開安陀會，便成了裸體外道。但在中國的比丘，沒有安陀會，並不妨礙風化，也無人笑你不穿衣服，因為我們除去佛制的三衣之外，尚有更多的衣服，一人最少有兩套換洗的小褂褲，有一件長褂子，有一件海青，到了秋天，有夾褂、夾褲，到了冬天還有棉襖、棉褲，以及大棉袍子。即使是個苦行比丘，也有一件百衲襖。這些衣服，歸納起來，均屬「聽衣」的一類；正因「聽衣」太多了，所以反將「制衣」視同門面的虛設。上殿過堂披七條衣，講經說法，主持壇場，則披二十五條大紅祖衣。三衣不離身，進入聚落、通都大邑，要披著僧伽黎，在中國佛教界中，可說絕無僅有，一則未能形成風氣，再則也是疊床架屋，不必多此一舉。

我們看佛陀的根本精神，凡舉一樣規制，無不要求實事求是，並且極富民主的色彩，凡為一項規定，一條戒律，若有充分的理由，建議改進的，佛陀無不從善如流。故在比丘戒中，多數的條文，都是經過修正的，其中有一條，修正的次數，達十次之多。這種開明的精神，即使擬之今世的各國憲法的立法議程，也只有過之而無不及的。

我說這段話的意思，無意要修改佛制的戒律，相反地，我是極力主張維護律制尊嚴。奈何，二千五百多年以來，未嘗有人修改過佛制的戒律，佛制的戒律精神，卻在每下愈況之中！請問：不論出家在家的七眾佛子，誰在確實遵守佛制的芳規了？我們的服裝，就是一個現實的例子。

本來，佛制的戒律，就是佛子的生活規約，但到後世的佛子，把戒律當作骨董來收藏，將生活向時風去看齊，戒律是漸漸古老了，生活是日異時新了。於是愈走愈脫節。其實，戒律的條文，可能有其時代性和地域性，但其戒律的根本精神是永遠沒有新舊之分的。

今日的我們，要賦予戒律新的生命，不必死啃條文，泥古不化。要不然，比丘的衣制，不得超過三件，否則即犯捨墮罪，那麼，自古以來，除了熱帶，多少比丘不犯捨墮？即使利用說淨的方法蓄衣，也是不合根本的要求，何況說淨之法，亦少有遵行。

若以用途來說，我們的小褂子相當於安陀會與覆肩衣，褲子相當於涅槃僧，大褂相當於鬱多羅僧，海青則相當於僧伽黎，準此而言，我們不用披衣，也就具足五衣了。

但是，比丘應披福田衣，在此中國僧裝的五衣之中，並無一衣，可表福田之相，所以還是要披制衣。再說，中國的僧裝，和尚穿了稱為僧裝，道士穿了，稱為道裝，舞台上的戲子穿了，則又成了古裝。其實呀！根本就是中國漢時的俗裝。以此，我們可以想像得到，當佛教初入中國，中國人出家，除了把頭髮削光，根本不用改裝，僧俗的區別，端在頭髮之有無為準；若說衣著上的分別，則為緇色而已，比如法獻、玄暢稱為黑衣二傑，姚廣孝稱為黑衣宰相。故稱僧人為緇流。然到目前為止，中國比丘的服裝，未必皆用緇色的了，穿緇色服裝的，也不僅是中國的比丘了，可見「緇流」一詞，也不能為中國的和尚所獨占了。

不管如何，中國的和尚，穿現前這種式樣的服裝，已有近二千年的歷史了，所謂習慣成自然，誰又說它不好呢？事實上，除了筆者之外，早有先進提到過這個問題。從出發點上分析，大致可分兩派：

（一）中國的僧裝，反正是中國古代的俗裝，不如乾脆也改成時下的俗裝。

（二）中國的僧裝，不合佛制的規定，應該予以糾正和改進。

但以年老的一輩而說，他們並無這種要求，並且反對第一派的要求，最大的理由是，原有的僧裝，已是既成而且公認的事實，穿了這套裝束，人家都知道你是和尚，你即使毫無慚愧之心，更無持戒之念，但在眾目睽睽之下，你總不敢太過放肆，如果一旦和尚穿上俗裝，僧俗無以辨別之際，有修有為的出家人，固然無所謂利害得失，對於一些不知慚愧的比丘來說，卻是一大「方便之門」了。這一理由，筆者也是同意的。

青年的比丘，多無根本理想及其具體的計畫，所謂改革僧裝，多半也是隨聲附和。當然，年輕人多喜時髦，能將長領寬襬的古代俗裝廢除，改穿緊身輕便的西裝，那該多好！

其實，如以觀瞻上著眼，時裝不若古裝的超然灑脫；從舒適上著眼，時裝不及古裝的寬暢大方。古裝之弊，弊在礙於劇烈或快速的行動，弊在所費布料太多。但是，身為一個比丘，最重要在威儀，如果比丘舉行宗教儀式，人人皆是西裝筆挺，勢將失去宗教的氣氛。

故我個人，贊成改革僧裝，但卻堅決反對盲無計畫的改革，如果說脫下漢裝，換上西裝，便算是僧裝的改革，那我寧可讓佛教永遠保守，也不希望提到改革二字。事實上，那是流俗，而不是改革。所謂改革，乃在有所改良和革舊陳新，所謂僧裝的改革，乃在將舊有的僧人裝束，改革成新興的僧人裝束。著古裝時人家看了，固然像比丘，著新裝時讓人見了，仍然要像比丘，並且更加莊嚴，更加威儀，更能使人肅然起敬。

說起來，也許我的思想是既開明又頑固。我絕對贊成僧裝的改革，但我見到一些逐步「解脫」漢裝僧服的人，又覺得難以苟同。比如有人以為海青既非制衣，廢棄它而光披制衣又未嘗不可！那麼我要反問你：「海青固非制衣，固可廢棄，你的內衣內褲，也非制衣，何以不也乾脆全部廢棄？」或者他要說：「內衣褲脫了不成體統。」那我要說：「既然內衣褲脫去了不威儀，穿上海青，豈不更加威儀？」當然，一切的制度都是人為的，人皆可以成佛，為什麼不能不穿海青？但我要說：這是小家子氣，不是大人作略，我們怕的不是大作大為的統盤改革，怕的乃是小敲小打的零星變質。要不然你「解脫」一樣，他「解脫」一樣；你「革新」一樣，他「革新」一樣，不用幾多年代，中國的僧裝，豈不成了四不像，所謂「和合」相狀，又到何處去找！

我們看任何一個有組織有紀律的團體，多有他們的制服。一個團體的集合，如果大家穿的便衣，就覺得散亂沒有精神，如果一律穿上制服，便覺得莊嚴隆重了。我們佛教的比丘，本來就是生活在一個大僧團中，那麼，我們的服裝，豈非也有統一的必要呢？

有人說我們和尚的服裝，做起來既不經濟，出門時又礙手腳，上下公共汽車，也不便利，上車時自己踩髒了前面的下襬，下車時又被別人踏住了後面下襬，如果手上拿了東西，上車下車，簡直受罪！這些確是實情。中國的祖先穿這種裝束時，世界上還沒有公共汽車好乘，現在世界上有了公共汽車，絕對多數的中國人，已從長襬的衣服中得了「解脫」，只有我們出家人還拖著這身古老的裝束受罪。所以我們要談僧裝的改革。

但這不是改革僧裝的理由，我們應該知道，在今天的世界各宗教中，以僧侶的裝束來比較，佛教的比丘，並不算是最最「受罪」的一類。天主教的修士與修女，以及伊斯蘭教教民，他們的服裝，豈不比我們中國比丘的僧裝，穿得更加累贅嗎？然由此一累贅的裝束下，即能發人深省，使人嗅到一股濃厚的宗教氣息。所以我們立於世界宗教之林，尚不能得到「受罪」的頭彩。

當然，除了天主教在修道院中的修士與修女外，那些負責傳教的教士們，不在宗教儀節之時，均有他們的便服。這也正是我們可資參考研究的問題之一。不過我們是佛教的比丘，無論在什麼情形之下，都不能拋開佛制的原則。

因此，筆者以為，不談改革僧裝則已，要談改革僧裝，便得有一審慎和莊重的計畫，既要適合時代的要求，也要顧及佛制的原則是披著而不是穿著，是有縫福田衣，而不是領、袖俱全的俗裝衣。最主要的，既能適應世界性的氣候環境，又能恰當地做到三衣實用。這就要牽涉到筆者於上一篇文章中所談安陀會、鬱多羅僧、僧伽黎的真實用途及其製作法的問題了。除此三衣之外，裡面可著「聽衣」，但絕不能因著「聽衣」而廢三衣。唯有如此，始能保全佛制，並可望其為全世界的比丘之所樂意採用。因為僧裝的統一，無法以法令來貫徹，唯賴風氣來互為影響。但到目前為止，筆者雖有此一熱望，尚無一個完整的計畫。教界道友，如果認為有此必要時，我們不妨再做進一步的研討。比如三衣的尺寸及其形式，還有因此而來的許多問題，我們也可以從長計議。本文所提，僅是一個原則性的概念而已。

（一九六二年五月於美濃朝元寺無住樓，《覺世》一八八期）

佛教的飲食規制

本文多就比丘戒的討論與介紹，稍加旁及菩薩戒。在家人未必不能知道比丘戒，但在知道之後，絕對不得以其戒律知識而來輕謗比丘或議論比丘，否則的話，在菩薩戒中，就可能犯了兩條重戒：說四眾過戒與輕謗三寶戒。輕謗或議論比丘犯戒，比丘未必真的犯戒，在家菩薩卻首先犯了兩條重戒，那是不划算的。即使未受菩薩戒，毀謗三寶，也是重戒。願在家讀者明鑑。

一、引言

佛教雖以出世為目的，但是離開世法亦無出世法可求，故其不唯正視現實問題，並能解決現實問題，一切的現實問題解決了，也就超出於現實之外（出世）了。戒律的功能，便在解決衣食住行的現實問題。本文僅就食的一項，依律討論，並做介紹。在《四分律》的二百五十條戒中，關於或旁及食制者，竟達四十五條之多：

捨墮第二十六條，是七日藥的規定。

單墮第三十一至四十二條、四十七條、五十一條，都是直接關於飲食的。

單墮第二十三、二十九、四十六條，是附帶提及飲食的。

悔過法的全部共為四條，也都是由飲食問題而來的。

眾學法中，自第二十六至四十八條，都是關於飲食的威儀事項。

但是無可諱言，我們中國的佛教，對於這些佛制的芳規，未能遵行者頗多，甚至也根本不知道這些芳規的內容是什麼。

當然，在這些條文的規定之中，有些是不容易辦得到的，尤其是在中國的環境之下，即使希望如律而行，也是困難重重。我無意要求中國的佛弟子對於飲食的問題，全部走上佛世的制度（即使今日的南傳國家，也未必絕對如律），可是，我們應該了解這一制度的內容，因為我們終究還承認是佛的弟子呀！求其了解的作用，當有兩點：1.對於佛制弟子的僧伽生活，起一尊敬嚮往之心；2.對於本身的未能遵行佛制，起一慚愧策勉之心。

身為一個比丘，連比丘生活的本來面目，不唯不能保全，竟還不知不解，豈能不覺慚愧嗎？

現在就我個人所了解的，並以為是重要的，向讀者們分別研討與介紹如下。

二、飲食的名稱

在佛教的觀念中，人所感到的任何一種煩惱痛苦，無一不是病痛，大別可分兩大類：一是心病，二是身病。佛陀所說的四諦十二因緣等的佛法，乃為醫治眾生的心病；眾生色身的病痛，卻要依靠色法來醫治了。

色身雖然是虛妄的，不值得貪戀的，但是人要修道行道，必須利用色身來做為工具，所以色身有了病痛，還是要去醫治。

大家都知道頭痛、眼腫、背疼、腰痠等等是病痛，肚子餓了，就不算病痛。事實上肚子餓了最難忍受，乃是最大的一種病痛。這叫什麼病？叫作飢病。

因此，佛教對於飲食的另一名稱，叫作藥石。將飲食叫作藥石的最大用意，是在提示行道的比丘，時時警惕，自己經常都在病痛之中，若想驅除病痛，便當精進修持，以求了生脫死；另外一個理由是告訴行道的比丘，飲食的乞求，不是為了貪圖口腹之欲的享受，而是為了醫治飢病才去服用。同時，將飲食當作吃藥觀想，也就不會貪多貪好了。

藥石的名目共有四種：

（一）時藥。

（二）非時藥，亦名更藥，也叫非時漿。

（三）七日藥。

（四）盡形壽藥。

其中以時藥為主要的飲食，非時藥是次要的飲料，七日藥是滋補品，盡形壽藥則完全是為治療疾病的藥物，並且只此一種是在治療飢餓病之外的藥物。

三、時藥的種類

除了飲用的漿湯之外，都叫作食物。食物共分兩大類：

（一）正食，亦名噉食，它的梵文原名叫作蒲膳尼或稱蒲闍尼（Bhojanīya），共有五種。《四分律》的五種噉食是：麨、飯、乾飯、魚、肉；《根本說一切有部毘奈耶》中的五種是：餅、麥豆飯、麨、肉、飯。這兩個五種的說法稍有不同，有的解釋《四分律》所說的乾飯就是餅，但是《四分律》的魚和有部律的麥豆飯又是互不相同的。麥豆飯是什麼？總不是麥子與豆子合煮成的飯，麥豆可能是一種穀類的名字，我們不懂，因為不曾見過，正像康藏一帶有一種叫作青稞的穀類，我們也是陌生的。麨是什麼？據《本草綱目》中說：「麨以炒成，其臭香。」又說：「河東人以麥為之，北人以粟為之，東人以粳米為之，炒乾飯磨成也。粗者為乾糗糧。」可見麨是一種炒熟了的麥飯粉了。至於魚肉的問題，留待後面討論，不過我們可以確定，魚與肉在我們的社會中，是屬於副食品類的，在當時的印度，卻把魚肉列為主食品類之中，因為此處所說正食，若以現代的名詞解釋便是主食。但在游牧民族以及今日的歐美地區，仍有把肉類當作正餐主食的。

（二）非正食，亦名嚼食，它的梵文叫作 Khādanīya（佉闍尼），又叫佉陀尼，又叫珂但尼，這都是由同名異譯而來，沒有什麼好區別的。《南海寄歸內法傳》中引律文說：「珂但尼應譯為五嚼食：『一根、二莖、三葉、四花、五果。』」《四分律》中說：「佉闍尼者，根食、莖食、葉食、華食、菓食、油食、胡麻食、石蜜食、蒸食。」《四分律》較《南海寄歸內法傳》所引（有部）律文多了後面四樣，而成了九種。總之，非正食即是今人所稱的副食品，無非是包括了蔬菜瓜菓之類的東西，甚至可說，除了主食以外的所有食品，都可列入佉闍尼中去。

四、時與非時

首先我們要明白什麼叫作時，時又怎麼算法？

在佛教的典籍中，共有兩種時：

（一）實時，梵文叫作迦羅（Kalā）時，這是律典中通用的時間法，也是比丘生活中所應用的時間觀。這是根據我們實際的生活環境而定出的時間觀，也就是說，迦羅時乃是隨著地區世界的實際狀況而定，比如說在同一時間中，西半球是日間，東半球卻是夜間，那麼比丘的生活規律，日行夜息，一切起居活動，都該根據各自所處的地理環境為準則。

（二）假時，梵文叫作三昧耶（Samaya）時，這是經藏與論藏中所通常用的時間觀，也就是《俱舍論記》中所說「世無別體，依法而立」的一種假相時，因為世間法中，剎那生滅，根本沒有一定的時間讓我們去捉摸得住。即使要從生滅不已的現象上標定一個時間，那也是假的，所以經論中常用「一時」兩字來代表，這個「一時」，乃是無可名狀的時間觀，故也是假時。

時間觀弄清楚了，時與非時也容易講了。前面說律典中通用的是實時（迦羅），此處所講的時與非時，即是從實時中分別出來，也就是說：人在何處，即以何處的時間為準。

所謂時與非時，有兩種：一是衣的時與非時，一是食的時與非時。應該接受衣或應該乞求衣的時間中得衣者，稱為時衣，否則便是非時衣，這點我們此處不講它。同樣地，應該進食的時間進食，稱為時食，否則便是非時食。

從每天的明相出現——拂曉時分，到每天的日影正中，這階段中，稱為食時，允許比丘進食，所進之食，就叫時食，這是合法的。再從每天的日影過中，直到第二天清晨明相出現——拂曉時分，這階段中，稱為非食時，不允許比丘進食，如果進食，便叫非時食。如果沒有必須進食的理由，而於非時之中進食，便不合要求。所謂明相出，即是能夠見到光明相時，在屋外伸手能夠辨別手紋時，便叫見明相，解釋成拂曉時分，比較切近。

五、時食與非時食

在家人，不論何時，均可進食，通常人家，總是早中晚一日三餐，何以佛教的比丘，只許從每天的明相出到每天的日中之間才可進食？這有兩個原因：

（一）依照常情，早晨是天人進食，日中是佛陀進食，下午是傍生進食，夜晚是餓鬼進食。比丘為斷六道之因，應該效法佛陀，日中一食，所以十二頭陀行中，便是規定日中一食的，但此乃是精進法門，不是比丘戒律，不持日中一食法，不算犯戒。小乘三果聖人，多住色界淨居天中，比丘效法天食，尚無不可，如果與傍生、餓鬼同時進食，就不對了。尤其是夜晚進食，餓鬼聽了飲食碗盞之聲，咽中火起，又不得飲食，倍增痛苦，為了慈憫餓鬼，也不應夜晚進食。

（二）印度的習慣，凡是出家僧侶，不論信仰什麼宗教，無一不是托缽乞食的。乞食在其他的國家，尤其是近世的社會中，不但不受人的尊重——乞丐誰去尊重他？甚至還在取締之列。但在印度，所有的乞食者，都被尊為聖人。但是乞食總以上午為宜，如果竟日在外乞食，那就不能修道了。所以佛在《舍利弗問經》中說：「諸婆羅門，不非時食，外道梵志，亦不邪食。」在佛律中其他的好多制限，也是根據印度當時的風俗而制戒的，所以佛在《五分律》中曾說：「雖是我所制，而於餘方不以為清淨者，皆不應用；雖非我所制，而於餘方必應行者，皆不得不行。」佛陀是非常開明的，佛陀絕不希望有人對佛教生起反感，所以允許比丘們可以隨方見機而行。非時食戒，就是這樣產生的，但這也是對的。

比丘非時食戒的緣起，是由迦留陀夷尊者，夜晚到村中食，當時正在雷電交加，村婦持食出來，從閃電光中見他臉黑，驚疑是鬼，隨即暈倒地上。適巧這個村婦在懷孕中，經這一嚇，便小產了。於是她便咒罵著說：「這個佛教的出家人哪！即使把肚子餓破了，也不應該夜晚出來乞食呀！」佛陀知道之後，便規定比丘們不應再有中後乞食的事情發生。

在《根本說一切有部毘奈耶》中，另有一個緣起：有十七位少年比丘，進城乞食時，聽到婦女們互相說著不堪入耳的討厭話，便覺得在家人太討厭了，不想再去乞食。但到日中以後，肚子餓得難忍，又向一處俗人的園遊會中，飽餐了一頓，長老鄔波難陀問他們為什麼中後乞食，他們還自以為理直氣壯地說：「中前不得食，中後又不許食，難道要我們白白地餓死不成？」佛陀知道了，便制定非時食戒。

這裡的第一段中有些問題：天人在天上，諸佛在常寂光中，天上的時間不同於人間，常寂光中更無時間可言，如何去學天學佛呢？這都是比照天人在人間，佛陀在人間時的法則而定，實際上無色界只有識食，法身佛根本不需食。

六、時食與非時食的分別

《百一羯磨》中說：「時藥者，謂是五種珂但尼，五種蒲膳尼。」這兩種藥名，我們在前面已經介紹過。可見，凡是能噉能嚼的一切食物，都稱為時食。時食的意思是只許在時中食，不得在非時中食。但即使在時食之中，也有規定。從早至中，正食只許一餐，正食之前可以吃粥，粥的濃度，以剛出鍋時，草劃粥面，不見餘痕，立即合起為準。正食之前可吃非正食，或正食非正食同時吃（有菜有飯有水果），但在正食離座或移動位置之後，便不能再吃了。否則必須另作餘食法之後再吃，但仍須在中前。

日中的標準，《摩訶僧祇律》云：「日中影過一髮一瞬，即是非時。」如此說來，現代的時鐘，由於季節的更換，每日的正午十二點鐘，並非標準的日中。至於國人多以持非時食戒者，稱為持午，並以為過了午時（下午一點）以後，才算非時，那是更加不合要求了。

依照規定，日中之後，除了飲水，不得一物進口，否則便是口口波逸提（墮地獄罪）。如果進餐未了，一口飯在口中，日中時到，尚未下嚥者，必須吐出，若不吐出，便犯墮地獄罪。

但如有病，或有特殊的理由，可以方便開：

《刪補羯磨》中說：「有渴病因緣，許受非時漿，謂果漿、蜜漿等，澄如水色，以水渧淨，受之。」

《律攝》卷八中說：「言更藥者，謂八種漿……除此八已，若橘、柚、櫻、梅、甘蔗、糖蜜等，亦聽作漿，味若甜者，應知醋及醋漿、醋果，依夜分齊，故名更藥。」

出家人吃水果，中前可以隨意吃，日中之後，如果病渴，可以吃水果，但須搗碎，濾汁如水，並加渧水作飲，但是今日受得，必須今日今夜至明相未出前飲完，不許留到明日再飲，否則便是犯戒。

出家人如果常患口渴，可以中後吃砂糖。根據《百一羯磨》卷九中說：「西國造沙糖時，皆安米屑，如造石蜜安乳及油，佛許非時，開其噉食，……準斯道理，東夏飴糖，縱在非時，亦應得食。」如照這樣推論，今日的牛奶糖乃至煉乳，也可以非時開食了，因為「如造石蜜安乳及油」，今日的煉乳雖非石蜜（冰糖），卻也是用乳加糖汁煉成的。

今人頗有以為，日中以後可以吃麵，所以又有人批評：「不吃飯而吃麵，這算什麼稀奇？」當然，持非時食戒，只是持戒，不是製造稀奇。不過這也有其來源的。

《根本說一切有部尼陀那目得迦》卷三中說：有病苾芻，醫令以水和麨非時可食。佛言：「有無齒牛食噉糠麥，後時便出，其粒仍全，用此為麨，非時應服。時病苾芻雖服不差，……應用生麥麨……，多將水攪，以物濾之，然後應服。病猶不差，……佛言：醫人處方，令服麨飲，若稠若團，隨意應服。……凡所有事，我於病人非時開者，於病差後，咸不應作。」

麨是一種炒熟的米粉或麥粉，勉強解釋成麵粉，所以有人主張日中之後吃麵了。但是，必須為了治病，必須要有醫生的指示，必須是真正地有病，真正非吃不治者，才可以吃麵。別說吃麵，若為治病救命因緣，律中開示，除了四根本戒，均可開。唯有一點當要明白：如果不是非吃不治者不應吃，病好以後不應吃，只為肚飢不應吃，否則便成波逸提罪。

七、七日藥與盡形壽藥

從根本原則上說，佛教不主張多吃與貪吃，所以佛陀常常讚歎頭陀行的一食法，迦葉尊者便是終身受持日中一食的老比丘，故也常常受到佛陀的讚歎。

許多比丘們聽佛讚歎一食法，也就遵行一食法，一天之中只吃一點點的副食品，吃過離位之後，便不能再吃了。因此在弟子中由營養不良而引起的病象，漸漸地，普遍地發生了。佛陀發現之後，便允許比丘們若有病者，可以數數食，可以吃飽。

另有一年的秋天，比丘們得了風病，體質衰弱，並且生了惡瘡。佛陀見了，便許比丘們有病者，可以吃十種營養品，那十種便是：

（一）酥──從牛出乳，從乳出酪，從酪出生酥，從生酥出熟酥，從熟酥出醍醐，而醍醐最為上藥。今日的奶油，可與酥相近。

（二）油──《律攝》中說：油謂苣、藤、蔓、菁及木蜜等，並五種脂，如法澄濾。這五種植物的根莖及葉可以當菜吃，子則可以榨油。此土的豆油、菜油、花生油、芝麻油等，可與之相通。

（三）生酥——是從酪中提出，也是一種半流汁體，不是牛奶，不是奶油，也不是今日的奶粉。若要勉強比對，唯有與奶粉相近了，但總不是奶粉。

（四）蜜——蜂蜜。

（五）石蜜——是冰糖，也可說是一切糖的結晶體。白糖、黑糖（紅糖）等皆可屬之。

第六種以下便是五種脂——五種動物油。

但是這一方便開出之後，畢陵伽婆蹉尊者的比丘弟子們，法緣很好，居士們多以以上五種食物供養，使得比丘們受用不完，到處放置，弄得僧房之中，變成了堆棧倉庫一樣，因此受到俗人的批評。

佛陀知道這一實情之後，便制出以七日為限的規定。接受以上五種食物之後，應在七日之內吃完，若吃不完，應該分給大家吃，到第七日終夜的明相出現時，如果尚未吃完，便應將所有的食物全部捨出，並在捨出食物以後，還是要犯墮地獄罪，必須如法懺悔。

因為能夠蓄藏七天，故也稱為七日藥，其餘的食物，如果接受之後，時藥應在時中食，過時不應食，非時藥只能在一日一夜中食，第二天不應再食，不然，便成殘宿食，犯墮地獄罪。

上面說有病者，可受五種七日藥，但到後來又有開緣，許可五種人受持七日藥：行路人、斷食人、病人、守護人、營作人。也就是說除了病人之外，凡是體力勞動的人，缺乏營養的人，都可以受用七日藥的。

再說盡形壽藥，亦稱盡壽藥。這有盡人之壽，盡病之壽，盡藥之壽的意思。有的人患慢性病，必須終身服藥者；有的病不知何時能好，但未必拖至終身者；有的病必須要服下一定限量的藥物之後才能根治者；也有施主只以限量限時供養藥物者。吃到最後，均稱盡壽。

但盡形壽藥，不是充飢的食物，它的規定，如《律攝》卷八中說：「言盡壽者，有其五種，謂根、莖、葉、華、果，……；又有五種黏藥……、又有五煎灰藥……、又有五種鹽藥……、又有五種澀物藥……；斯等咸是舉類而言，若更有餘，用皆無犯。」凡是能夠作藥，一切丸散湯膏，一切鹹苦酢辛，乃至灰土等，不是隨意能吃願吃的，凡是為治長時慢性病而處方的藥物，均得稱為盡形壽藥。

凡是接受七日藥與盡形壽藥，皆應作法受。現舉受持盡形壽藥的白詞如

下：「大德一心念，我比丘某甲，有某病緣故，此某盡形壽藥，為共宿長服故，今於大德邊受。」（對一比丘說三遍）

八、魚與肉

魚與肉，在小乘律中，每部皆有，並皆列為正食之一。在小乘律中，不許傷害畜牲，若故殺畜牲，乃至蟲蟻，殺一命即是一波逸提，但是為了比丘不自炊煮，而是沿門托缽乞食，對於肉食也就不能禁絕。在《四分律》中規定，除了象肉、馬肉、龍肉、狗肉、人肉不得吃，其餘的肉類，皆可吃，但有三個條件，稱為三淨肉：第一，若不見為我故殺者，可以吃；第二，若不聞為我故殺者，可以吃。第三，若不懷疑為我故殺者，可以吃。

若見、若聞、若疑，隨有一種，為我故殺，皆不應吃。也就是說，凡是我已知道，或者懷疑施主供養的肉食是特別為我而殺的，便不能食。

在《楞嚴會解》中，又有五種淨肉：不見、不聞、不疑、自死、鳥殘（鳥獸相食而殘餘者）。

《涅槃經》中又有九種淨肉：五種同上；第六，不為己殺；第七，生乾（自死而乾者）；第八，不期遇（不是預計而是偶然相遇者）；第九，前已殺（非今因我而殺者）。

正因如此，直到現在的南傳小乘比丘，仍舊不避魚肉的，西藏的喇嘛，也是一樣。甚至佛在入滅以前，接受金工純陀的最後一餐供養，也有人說那是吃的野豬肉。

但到涅槃會上，迦葉尊者向佛建議：「世尊！食肉之人，不應施肉，何以故？我見不食肉者，有大功德。」佛陀隨即讚歎著說：「善哉善哉！汝今乃能善知我意，護法菩薩，應當如是。善男子，從今日始，不聽聲聞弟子食肉。」又說：「善男子，夫食肉者，斷大慈種。」迦葉又問：「如來何故先聽比丘食三種淨肉？」佛說：「是三種淨肉，隨事漸制。」（見《涅槃經》卷四〈四相品〉上）

餘如《楞嚴經》、《楞伽經》、《梵網經》等，皆有明文，不許食肉。

大乘《梵網經菩薩戒本》中，輕垢戒第三條說：「一切肉不得食。斷大慈悲性種子，一切眾生見而捨去，是故一切菩薩，不得食一切眾生肉，食肉得無量罪！」輕垢戒第二十條又說：「若佛子，以慈心故，行放生業，一切男子是我父，一切女人是我母，我生生無不從之受生。故六道眾生，皆是我父母，而殺而食者，即殺我父母，亦殺我故身。」

《楞伽經》卷四中說：「一切眾生從本已來，展轉因緣常為六親，以親想故，不應食肉。」

《楞嚴經》卷六中說：「汝等當知是食肉人縱得心開，似三摩地，皆大羅剎！報終必沉生死苦海，……云何是人得出三界？」

制斷肉食，皆出大乘經律，小乘國家未能見到大乘經律，故未斷除肉食，也是很難怪的，我們不必攻擊他們。即在我們中國的佛教，從東漢開始，直到梁武帝時，所有的僧侶弟子，均未斷除肉食，到了梁武帝捨道信佛，聽了《涅槃經》以後，便極力主張素食，從他本人開始，並勸一切僧俗佛子，皆斷肉食，他以朝廷的力量，來影響社會，所收的效果，自然很大。從此之後，中國佛教的素食主義，也就形成風尚了。

佛教講慈悲，講平等，以為一切眾生皆有佛性，素食自是應該的，這一美德，不唯應該保持，尤其值得發揚。即使非佛教徒，如印度的甘地（Mohandas

Karamchand Gandhi）是素食主義者，基督教中的美以美會派，也是主張素食的，大文學家如托爾斯泰（Lev Nikolayevich Tolstoy）與蕭伯納（George Bernard Shaw），也是素食主義者。佛陀時代受生活環境限制，故許肉食，我們如今可以素食，何不素食？

九、五辛

在小乘律中，只講到蒜，《四分律》比丘尼戒單墮第七十條中規定：「若比丘尼噉生蒜熟蒜若雜蒜者，咽咽波逸提。」又說：「若比丘尼噉蒜者波逸提。比丘突吉羅（惡作），式叉摩那、沙彌、沙彌尼突吉羅。是謂為犯。不犯者：或有如是病，以餅裹蒜食，若餘藥所不治，唯須服蒜差，聽服。」但是有病吃蒜，還有規定，律中說：「若服蒜為藥者，僧伽臥具，大小行處，咸不應受用，不入僧中，不禮佛繞塔，有俗人來，不為說法，請亦不往。應住邊房。服藥既了，更停七日，待臭氣消，洗浴身衣，並令淨潔，其所居處，掃灑淨塗。」

蒜之為物，雖臭而香，不吃蒜嗅到吃蒜者的氣味，簡直能夠沖腦熏鼻，使之頭暈作嘔，但在吃蒜的人，吃時固覺津津有味，吃了以後，也不覺有何惡味。所以中國的北方人，嗜好蔥蒜，是聞名的，即使其他各地，如曾嘗過蒜的「美味」，也是喜歡吃的。其實吃蒜之後，不唯口氣臭，混身都會散發臭氣，特別是大小便，比死屍還要臭！在團體生活中，不應吃，吃了便會觸惱大眾；誦經說法禮佛者，皆不應吃，吃了便失敬意，也失威儀。

吃蒜非淫、非盜、非殺、非妄語，只是有失威儀，所以除了比丘尼，餘皆只是突吉羅罪。但如不為治病，為貪口欲，便去吃蒜，不是出家人的應有態度。如果吃了蒜，仍不避嫌，照常隨眾，上殿過堂，更是不知慚愧。

《摩訶僧祇律》卷三十一中說：「服已，應七日行隨順法……不得臥僧床褥，不得上僧大小便處行，不得在僧洗腳處洗腳，不得入溫室、講堂、食屋，不得受僧次差會，不得入僧中食及禪坊，不得入說法布薩僧中，若比丘集處一切不得往；不應遶塔，若塔在露地者，得下風遙禮。……至八日，澡浴、浣衣、熏已得入僧中。」

吃一次蒜便應與眾人隔離七天，放棄一切的權利。比丘犯了僧殘罪覆藏，懺悔時，隨其覆藏日數多少，行波利婆沙（別住），如今僅吃一次蒜也要行別住，如果不為治病，那又何苦犯呢？

在大乘經律中，往往皆以五辛並列。

《梵網經》輕垢戒第四條中說：「若佛子，不得食五辛：大蒜、革蔥、慈蔥、蘭蔥、興蕖。是五種，一切食中不得食，若故食者犯輕垢罪。」

在這五辛之中，中國只有前四種，興蕖唯印度出產。至於革蔥、慈蔥、蘭蔥，各家註解，頗有出入，但其不外是小蒜、蔥、韭而已。

吃五辛的過失，在《楞嚴經》卷八中說得非常嚴重：「熟食發婬，生啖增恚；……縱能宣說十二部經，十方天仙嫌其臭穢，咸皆遠離；諸餓鬼等，因彼食次，舐其唇吻，常與鬼住；福德日銷，長無利益；……菩薩天仙，十方善神，不來守護，大力魔王，得其方便，現作佛身，來為說法，非毀禁戒，讚婬怒癡，命終自為魔王眷屬，受魔福盡，墮無間獄！」

這是多麼可怕呀！其中共有五點，後面四者，我們除了深信不疑，但也不得而知。至是第一點「熟食發婬，生啖增恚」，是可以得到實驗證明的，如果不相信，可以問問喜歡吃蒜的人，請他們說句老實話，究竟對不對？

十、酒與菸

酒在五戒中有，八戒中有，乃至比丘菩薩戒，無一不戒酒。但是酒的本身，並非罪惡，故飲酒皆屬遮戒；由於酒能使人犯戒，所以凡為佛子，均應戒酒。

據治安機關的統計，犯罪的媒介，不出女人、錢財與酒。飲酒雖不是犯罪，酒卻最能使人犯罪，三杯一下肚，酒精刺激神經，興奮、膽大、衝動、盲目、沒有了理智，可以強姦、殺人、放火、搶劫、毆鬥、相罵……。所以酒在大小乘經律論中，無不列為禁戒之一。

《四分律》比丘戒單墮第五十一條中說：「若比丘，飲酒者波逸提。」又說：「比丘尼波逸提，式叉摩那、沙彌、沙彌尼突吉羅。」又說：「不犯者，……以酒為藥，若以酒塗瘡一切無犯。」

什麼叫作酒？《四分律》中說：「酒者，木酒（果汁酒）、粳米酒、餘米酒、大麥酒，若有餘酒法作酒者是。」又說：「酒色、酒香、酒味，不應飲；或有酒，非酒色、酒香、酒味，不應飲。」

《十誦律》中說：「飲酢酒、甜酒、若麴、若糟，一切能醉者，咽咽波逸提。若但作酒色，無酒香、酒味，不能醉人，飲者無犯。」

《律攝》卷十三中說：「若酒被煎煮，飲不醉人，若口有病，醫令含酒，若酒塗身，此皆無犯。……又無犯者，酒變成醋，飲不醉人，澄清見面，水解為淨，以羅濾之，同非時漿。」

大乘《梵網經》輕垢戒第二條的規定：「若佛子，故飲酒，而生酒過失無量，若自身手過酒器與人飲酒者，五百世無手。何況自飲？不得教一切人飲，及一切眾生飲酒。」

蓮池大師《戒疏發隱》中說：「過失無量者，非但三十五失、三十六失，律中又明十過……更餘經傳所明過失，不可勝舉。」

《四分律》中，所舉的飲酒十過是：「一者顏色惡；二者少力；三者眼視不明；四者現瞋恚相；五者壞田業資生法；六者增致疾病；七者益鬪訟；八者無名稱，惡名流布；九者智慧減少；十者身壞命終，墮三惡道。」

三十五失見於《大智度論》，三十六失見於《四分律》。

說到飲酒的異熟果報，那更可怕！據說共有五個五百世果報，也就是說，因為飲酒，即有二千五百世，受到罪報：第一五百世在鹹糟地獄，第二五百世在沸屎地獄，第三五百世生在曲蛆蟲中，第四五百世生在蠅蚋之中，第五五百世生在癡熱無知蟲中。所以佛在《四分律》中告訴阿難尊者：「自今以去，以我為師者，乃至不得以草木頭，內著酒中而入口。」在《大愛道比丘尼經》卷上中也說：「夫酒為毒藥，酒為毒水，酒為毒氣，眾失之源，眾惡之本。」正因酒的害處太大，自己飲酒，等於服毒自殺，販賣酒類，也就等於普遍地謀殺他人了。菩薩以度生為本，更不能夠害人，所以《梵網經菩薩戒本》重戒第五條，便是酤（販賣）酒戒：「若佛子，自酤酒，教人酤酒，酤酒因、酤酒緣、酤酒法、酤酒業，一切酒不得酤。是酒起罪因緣，而菩薩應生一切眾生明達之慧，而反更生一切眾生顛倒之心者，是菩薩波羅夷罪。」

在家菩薩，亦不得販賣酒類，否則也是重罪，《優婆塞戒經》卷三中規定：「優婆塞戒，雖為身命，不得酤酒，若破是戒，是人即失優婆塞戒，是人尚不能得煖法，況須陀洹，至阿那含？是名破戒優婆塞。」

酒是飲不得的，也販賣不得的，當然更是釀造不得的。但在大乘菩薩，為了度眾生，可以方便開飲，比如末利夫人為救廚師一命，勸請波斯匿王飲酒，不但無罪，反生功德。不過除了治病（非酒不治的病），除了為度眾生，不得滴酒沾唇。如果只為貪飲杯中物，而來諉說是治病，那便招罪；如果只為放蕩求刺激，並無眾生可度者，自也不得飲酒。

至於「菸」之為物，不算大忌，故在南傳小乘比丘，不唯不戒，並且可以公開吸菸的。在《四分律》卷四十三中也有如此的記載：「爾時有比丘患風，醫教用菸，佛言聽用菸。」

可見用菸，是佛許可的，不過需要「患風」，需要「醫教用菸」。唯其吸菸的禁戒性，不若吃蒜的嚴重，更沒有飲酒那樣列為墮罪了。

為了風俗的觀念，我們的社會每以菸酒同列，吸菸者雖不被視為罪惡，但總覺得不吸菸者更值得尊敬，所以佛弟子們，最好還是不要吸菸，尤其是出家弟子，看來總是不太雅觀。

根據醫學的證明，酒中有酒精，會使人中毒，菸中的尼古丁，也能使人的生理受到不良的影響，據英國皇家的九位名醫，經過兩年的研究，證明吸菸是得肺癌的共同病因。我們何必花錢去買毒品來害自己呢？

十一、應該注意的飲食事項

有關飲食事項，律文中很多，要求也很多，單是比丘戒中，便有四十五條。我們不必逐條介紹，除了上面所說的各項之外，筆者以為尚有值得注意和介紹的，再予略述數點如次：

（一）飲水要過濾

佛教主張慈悲，不應殺人，也不應故殺一切眾生。知道水中有蟲，不加過濾，便予煮沸飲用者，即犯殺戒。殺一蟲，便是一次波逸提。所以濾水囊為比丘六種必備的物品之一。

《四分律》卷五十二中說：「不應無漉水囊行乃至半由旬（約二十里），若無，應以僧伽梨角漉水。」

《南海寄歸內法傳》卷一中說：「每於晨旦，必須觀水。」又說：「凡濾水者，西方用上白氎，東夏宜將密絹。」又說：「又六月七月，其蟲更細，不同餘時。生絹十重，蟲亦直過。樂護生者，理應存念，方便令免。」

《摩訶僧祇律》卷十八中說：「蟲者非魚鼈失收摩羅等，謂小小倒孑諸蟲，乃至極細微形，眼所見者。……不應以天眼觀，亦不得使闇眼人看，下至能見掌中細文者，得使看水，……不得太速不得太久，當如大象一迴頃。」飲水過濾，不唯護生，也合乎衛生的要求，雖然佛陀制戒，旨在護生。

這一問題在現代化的城市中，不必顧慮，因為城市中的自來水，都已過濾好了的。但在鄉村山野之間的佛弟子們，仍應加以重視。

（二）淨食與不淨食

佛制規定，比丘不得自炊自煮，必須沿門托鉢，以免雜役之勞，並除貪求之念。如果自手炊煮，便成不淨食。但也有其例外，有病比丘要吃粥，可在寺內另結一個「淨廚」界，僧團許可之後，寺內的廚房，便成合法。唯仍不許比丘自炊，應由五戒淨人或沙彌代煮，實在無人可求，才可比丘自己動手。

今日的泰國比丘，皆行乞食制，但在寺院中，仍許有廚房，比如淨海法師就讀的瑪哈讀佛寺裡，允許吃素的人，組織素食團，在寺內由一位優婆夷代辦，大家按月津貼伙食費（見《海潮音》四十二卷八月號二十一頁）。寺中的淨廚，本為病人方便開設，但如齋主來寺內齋僧，亦可啟用。至於早上的小食（粥等），也可在淨廚中辦理，中國寺院中用香伙或稱道人的在家人，炊煮灑掃，實在是對的。

所有食物，時中受了時藥，必須時中食用，否則留到下午，便成不淨食或稱殘食；非時藥在時中受時中飲用，也可在非時受時中飲用，若留到第二天，便成不淨或稱殘食；如果受而過夜與食同宿，便成殘宿食，或未受食而卻與食同宿，便成宿食，均為不淨食，如食便成墮地獄罪。七日藥以七日為限，盡壽藥以盡壽為限，過限即成不淨食。但也有其方便，若施淨人或沙彌，次日反受施，即成淨食；若施僧團庫中，成大眾僧食，亦為淨食；若捨淨廚中，亦成淨食。不過無論施與何者何處，施出之時，不能存有復得受用之想，如存再受用想，仍為不淨食。

後人不知淨食不淨食，對於食物供佛的規矩，也是大謬不然的。大家都以食品（即使是水果）供佛，從早到晚，甚至有以罐頭食品供上幾十天的，但那只是點綴好看，全失供佛本義。佛陀僅是日中一食，上午供佛還說得過去，下午供佛便成失禮，至於讓食品供在佛前過夜乃至供上數十天者，更不成體統了，佛子不能嚴持不淨食戒，難道也要使佛陀犯戒嗎？其實佛不犯戒，弟子卻是招罪了。

根據律制：

1.非時漿必須以水渧淨，才可飲用。

2.食果類有五種淨法：火淨（乃至火一觸）、刀淨（破割）、瘡淨（蟲咬腐爛）、鳥啄淨、不中種淨（種植而不發芽者）。

3.食根類有五種淨法：剝淨、截淨、破淨、洗淨、火淨。

4.食莖葉類有三種淨法：刀淨、洗淨、火淨。

5.各類食物在食用之前，必須作淨，各依類別，任作一種淨法，便可以吃，否則便是不淨食。

談到供佛，往往看到都以食物的原料，稍加油煎或湯煮之後，不配作料，也不調味，就是硬綳綳、生挺挺地供在佛前。這是最不合乎要求的。

我們不是常念「三德六味，供佛及僧」嗎？輕軟、潔淨、如法，稱為三德。苦、酸、甘、辛、鹹、淡，稱為六味。

我們供僧，都要調味，豈能供佛卻不要調味了？難道說僅用「淡」的一味供佛就夠了？這是非常失敬的事。佛像雖不真的受食，供養者則當至誠以赴。

（三）僧俗能夠同餐嗎？

演培法師去泰國弘法時，泰國的華僑信徒，每餐不敢與比丘同桌，即使勸請他們勉強同桌，也不敢與比丘共器而食，每一樣菜上桌，總讓比丘先用小碗盛出先吃，居士們才敢動筷。演培法師說，這是他們「遵南傳佛教的律制」。（《南天遊化》，臺北：善導寺佛經流通處，民國四十八年，一二五至一二六頁）

其實傳譯成漢文的律藏之中，也有如此的規定：

《五分律》中說：「不應與白衣共器食。若往親里家，彼言：『我等非他，亦非不淨，何不共食？』聽繫念在前共食，但莫令手相觸。」

這是說，比丘不應與俗人共器食，當時食缽，可能是指不應與俗人共一缽食。今時用碗盛菜，共碗吃菜，自也不應。如果俗人不解比丘律儀，勸請共食，為護他心，不得已時方可共食。這是為了比丘的尊嚴，所以如此。泰國既能實行，中國自也大可仿效。若有僧俗二眾，自可分桌而食。

（四）俗人可以吃僧食嗎？

這是一個極為嚴重的問題。現時各寺院做法會，信徒們多在寺院中吃飯；有些掛名的居士，也喜歡到寺院中「趕齋」（其實是素筵而非過中不食的齋戒），寺院中也多有兼辦素筵，以供所謂「齋主」（其實是顧客而非供僧的齋主）的需要。

以理而言，凡物一經施捨，即無主權可言。施主供養三寶，即屬三寶所有，如果再予取還，便是取用三寶物了。

但有如下數種人可以接受僧食：比丘的父母貧苦，應先受三皈、五戒、十善，然後聽食，若不貧苦，雖受皈戒，亦不應食僧食；若是病人；若是俗人求出家時；若是被繫縛者；若是懷孕的婦人；若是為寺院工作的俗人，可照工資與食；外道人可以比丘自分中的一摶，置於一處令其取食；畜牲只應與一口。否則的話，施者與食者，兩皆得罪。

當然，這在現在環境中，乃是一件難事。為求兩全起見，應有方便之計：1.寺院承辦素筵，可請居士代為出納，由白衣烹調。2.寺院舉行法會，近處信徒回家吃飯，遠道信徒，則不妨比照託辦素筵方法，向寺院的出納居士接洽。

飯食錢與供養金應分別支付，不得混同一起。

如此辦法，庶免招致大過，但對寺院住持而言，未免多增一番麻煩。然而，為了不使大家招罪，麻煩一點，誰說不該呢？至於喜歡小便宜而常到寺院中「趕齋」的居士們，能開示則開示，不能開示或不受開示者，當可視同強食，比丘無過，咎由彼取。正信的居士，也不要無故接受三寶的宴請。

若有關於三寶事務的推進，必須與社會各界聯絡而請俗人吃飯者，當可視同供養三寶而方便為之，但此不是律中規定，而是權宜方便。如果不為三寶，而為私人的名聞利養者，絕對不許。

（五）供養與出生

佛弟子，食時不要忘了供佛。佛教徒臨食念〈供養偈〉，不同基督徒臨食念感謝詞。我們是供養佛菩薩，他們是感謝上帝的賜食。兩者的意義，完全不同。佛子臨食不念〈供養偈〉，便是目無佛法，不知三寶。所以明末紫柏大師，每餐必先禮佛，然後再食，但有一天，有客人來訪，欣喜之餘，食前不曾禮佛，竟先吃飯，吃了一口，方始覺察犯了過，便在其飯後，自伏佛前地上，命知事人痛打三十棒！持戒如此，能不令人肅然起敬！

即使是在家佛子，也是一樣，如《優婆塞戒經》中規定：「若優婆塞，受持戒已，若得新穀、果、蓏、菜、茹，不先奉獻供養三寶，先自受者，是優婆塞，得失意罪。」

出家人供養佛菩薩，要念〈供養偈〉，要禮拜奉獻，在家人供養僧寶，也要如同供佛一樣，最低限度，也得禮請納供，否則即成輕慢。演培法師在泰國時，有一次接受一位居士的：「跪在地上，手捧奉供。」便覺得：「受了這種供養的，如不做個清淨僧，那罪過實在太大了。」（《南天遊化》一二七頁）其實，唯有如此的供養法，功德才是最大，供養者的虔誠心能夠激發受供者的慚愧心，這是雙重的功德了。但願國內的居士們，也能如法供養三寶。

不過還得出家人的自我尊重，不能自我作賤！出家人應將敬佛敬僧的道理告訴在家信眾，切不可領導在家信眾辱僧，更不能勸請在家信眾犯過。事實上，在家信眾不敬僧，往往是由出家僧人自己造成的！

再說出生食，也就是施給眾生食，中國寺院的佛殿面前——應該是齋堂面前，均有孤魂台，午供時出食於此，晚課蒙山時也施食於此。這大抵是對的，但也未必合乎要求。

先說出生食的由來：

1.過去有一種大鵬金翅鳥，身軀龐大，雙翅一展，即行萬里，但其食量也極驚人，故以海中的龍子龍孫，做為食糧。龍王恐慌而求之於佛，隨取袈裟衣片，纏各龍角，大鵬鳥便不敢吞吃龍族了。但是鵬鳥肚子餓得難受，也來求之於佛。

2.過去有一個婦人，因事發願，要吃王舍城中的兒子，後來轉生，果然生在夜叉群中，並生了五百個兒子，每餐皆以王舍城的男女為食。王舍城的人民，求救於佛，佛便以神力將她最小最愛的兒子藏了起來。她也來求佛陀，佛陀說：「妳有五百個兒子，尚且憐惜一個，何況人家只有一、兩個呢？」她說：「但是我和我的五百個兒子，今後再吃什麼呢？」

3.過去在曠野地方，有惡鬼，專門吃人，受了佛化之後，便不敢再吃人了，但他也求佛陀，究竟去吃什麼呢？

由於上面三個原因，佛陀宣布今後凡是我的弟子，食時皆當出食施捨，否則便不是我的弟子。

可見佛子吃飯皆應出食，普施以上三類眾生，但卻不是孤魂。餓鬼夜間食，午飯出食，也是吃不到的。所以午供出食時要念：「大鵬金翅鳥，曠野鬼神眾，羅剎（夜叉）鬼子母，甘露悉充滿。」

我們中國出生食，皆在供佛以後，僧食以前。但在《南海寄歸內法傳》中的記載：「未食前呈，律無成教。」出生食應在僧眾行食之後。這也有道理的，僧比佛小，所以供佛在先，異類眾生，不比僧高，應該出生食在後。

另有佛陀成道以後，最初受供，食畢便誦：「所謂布施者，必獲其利益；若為樂故施，後必得安樂。」這是為施主祝願，願施主得益得樂。出家人應該如此。

十二、談談「持午」的問題

持午這個名詞，尚有研討的必要，以十二時辰推算，午時是日中十一點到下午一點，如說過午不食，應到下午一點鐘以後才不能進食，其實持齋的是過日中不食，應當稱為到午不食。所以持午一詞，頗為含混不清，叫得並不恰當。照本義說，應稱持齋，因為過中不食是齋戒。但到今天，多半把吃素叫作吃齋，若說持齋，很多人是分不清的。事實上，吃素就叫吃素，絕對不可稱為吃齋。

過中不食，在比丘戒中，僅是波逸提戒，我們生活之中，比這更大更嚴重的問題，還有很多，同在波逸提戒中共有九十條，由於環境的限制，我們所能做到的，實在並不理想。再說佛將入滅之時也曾告知阿難：「自今以後，微細戒可捨。」只因阿難於當時悲痛萬狀，未能問明佛陀，哪些是微細戒，弘一大師的推測，「或即指此」三篇以下的威儀戒而言，亦未可知。波逸提，便是第三篇。所以有人主張：我們的時代與環境不同，過中不食是不必要的。

然而，我們又當明白：從八戒、十戒、式叉摩尼戒，而到比丘、比丘尼戒，無一沒有非時食戒。此戒雖然是輕戒，卻是輕戒中的重要戒，沙彌破了非時食，不得登壇受比丘戒，式叉摩尼破了此戒，應該從頭再受六法。它的嚴重性當可見其一斑了。所以弘一大師也主張此戒必持。

蕅益大師，勸人持齋，並且列舉十大益處，其綱目如下：1.斷生死緣，2.表中道義，3.調身少病，4.道業尊崇，5.堅固戒品，6.堪能修定，7.出生智

慧，8.離鬼畜業，9.不惱檀信，10.不擾行人。（詳見《寒笳集》四十三至四十五頁）

在《根本說一切有部毘奈耶》中，佛制：「無事斷食，得越法罪。」比丘不得以斷食顯異，而來沽名釣譽。但是佛制比丘，除了不許非時食，還鼓勵實行頭陀行中的一坐食與節量食。《涅槃經》中並說，進食時應作如食子肉想。由於須借此色身修道，不得已飲食，絕非為了貪求自身的肥美好看而求飲食。

有人講到營養問題，恐怕營養不夠，身體支持不住；有人說晚上不吃東西，肚子餓得難受，甚至會成胃病。

這些都是事實。但如真的有病，七日藥、非時漿，乃至可以吃麵。如果晚上空胃睡不著，佛許吃石蜜，如果會成胃病，要是能有流汁的非時漿，正可減少胃的工作。如說中國不是印度，出家人能有一日三餐的粗茶淡飯，已不容易，哪裡去找非時漿？如將晚餐的代價加入中餐，使中餐吃得豐富些，不就成了？同時也不妨訓練控制胃的活動，心理可以轉變生理。據心理學家研究：胃壁會有習慣性的工作時間，一到時間，它便收縮起來準備工作，如果吃一粒糖，乃至吞一口唾液，便可止住胃的收縮活動（普通說的飢腸轆轆）；另外，胃液的分泌，能使食物糜爛，幫助消化，如果胃中沒有食物，胃液的分泌，就可能腐蝕胃壁，而漸成為胃潰瘍或更嚴重的胃穿孔了。然而胃液的分泌，是聽大腦指揮的，大腦想吃東西時，便會發生「口水直流」的現象，口水便是唾液腺的分泌，唾液腺分泌出來以後，胃液也就開始分泌了，所以有些人由於工作或特殊事故的緊張，便忘了吃飯，也忘了肚子餓，若將色香味俱全的食物擺到面前時，立刻便會感到肚子餓了。

同樣地，若能養成習慣，到了晚餐時，並不想到吃的問題，肚子也就不會餓了，這一點我是試驗過了，而且完全應驗。

營養的問題，是現代化的名詞，迦葉尊者終身持一食，也能活到很大的年歲。不過營養的補充，在凡夫而言，仍是一個實際問題，所以佛陀許可除了靜坐不勞體力的比丘之外，他如：行路人、斷食人、病人、守護人、營作人，均可受持七日藥。七日藥以今日而言，指熟酥、生酥、石蜜、油等，乃是奶類、糖類、油類的高級滋補品了，什麼脂肪、蛋白質、礦物質，以及碳水化合物等，都有了；如加上非時漿，現時可用果子露或用果子粉來沖調，什麼維他命的需要，也有了，要多少卡路里也夠了。何必一定要吃晚飯？再說，佛時凡有客比丘午後到達，均有非時漿招待，以減路途中的飢渴，不吃晚飯又何妨？不過最重要的一點，提倡持齋，並不即是提倡以七日藥及非時漿來代替晚餐，因為七日藥與非時漿的受持，也有限制，若無正當的理由，除了飲水，不得吃任何食物。

有人批評持齋的人說：「持午的人肚子特別大，他們中午一頓，就夠我們吃一天的了，他連晚上的一份也吃下去了，這有什麼稀奇？何必自找苦吃，把胃塞得老大老大的！」

這要請批評者了解的，持齋只是持戒，不是賣稀奇，也不是表演節食或絕食，他們為了營養的需要，中午多吃一點，難道就不應該嗎？只要他們的肚子裝得下，多吃又何妨！

最要不得的是持齋者，以持齋為招牌，以持齋來賣道，好像持齋以後就是道行高超似地。故也有人批評：「現在有人持了午，就可以稱為律師了。」這是最最可惡的觀念！持戒是本分中事，戒律很多，僅僅持了一條小戒，便可空腹心高，那成什麼持戒？同時在我國而言，持齋戒的人，未必皆比不持齋戒者所持的戒更多，甚至有些持齋的人，遠不及不持齋戒者的更值得尊敬。持戒是本分事，憑何值得驕傲？再說，時下持齋者，多半只是不吃晚飯而已，根本不成持齋。時間過了不成齋，無緣而受非時食，不成齋，食後不漱口，不將牙中膩垢清除，不成齋。試問持齋者，真的如法嗎？餘如受食同宿，不受而取食物等等，所犯之罪與非時食相等，嘸嘸均犯波逸提！持了一條不吃晚飯戒，又有什麼了不起？

然而，持戒總比犯戒好，未持齋戒的人，不要反對持齋戒，應該自念慚愧，應該讚歎持齋功德，不要反加輕謗。不持齋不要緊，不要再犯一條惡見罪。破戒墮地獄，破見即成一闡提了！切記切記！

我很了解，在弘法奔走的人，不易持齋，在負責寺院職務的，也不易持齋：第一有應酬，第二應酬中的午餐也難準時於日中之前吃完。因為我們中國的佛教，向來不重律制，故一般而言，更無律制教育的常識，如果營事比丘真要持齋，不唯增加他人的麻煩，也將常常斷食！若不發大道心，那是持不成的。但是事在人為，如能普遍地灌輸與提倡，並能得到大家的合作，那是不難辦到的。

說到這裡，我想附帶指出兩個頗為嚴重的問題：

（一）出家人不持非時食戒，不得為在家人做八戒阿闍黎，凡是為人授八關齋戒法者，必須終身持非時食戒。否則俗人於每月的六齋日，尚且來向出家人求八戒法（其中有非時食一戒），出家人反而不持非時食，那就不合理了。好在我們中國，殊少有俗人持八戒的，即使持六齋日的八戒，也殊少向比丘按日分別求受的。

（二）出家人不斷殘宿食（曾經接觸過的食物，到次日即成殘食，將食物置於室內共宿至次日，即成宿食），便不能證阿羅漢果，在家人最多只證三果而不及四果，主要即因不能斷除殘宿食。不過佛陀曾說，末法眾生，雖修道亦無證道者。如今既無證果的可能，這一戒也就不怎麼嚴重了。

十三、托缽與吃缽

前面說過，乞食之法，乃是印度一切出家人之所共同遵行。外道的出家人是如此，釋尊創教後的出家弟子，也是如此，其中實也含有「隨順風俗」的重大成分。

不過，乞食法門，對於出家人來說，實在是非常適合的。一則出家去貪，既然每食行乞，不必為飲食的儲蓄而操心，人皆有其儲蓄的習性，今天準備明天的，今年準備明年的，甚至有「人無千歲之壽，卻有萬年之計」的準備，一有儲積食糧的念頭，貪心也就隨即生起。如果實行乞食生活，這一助長貪欲的念頭，也就自然消失了。再則利用乞食的機會，沙門遊行人間，了解人間疾苦，為人間的大眾結緣，並可趁此機會接近人間大眾，教化人間大眾，沙門雖然出家，仍能與人間生活打成一片，同甘共苦，行頭陀行，依次乞食，不問貧富，不別美醜，供養什麼，就吃什麼。雖或有受了許多人家的供養，還不夠一餐之飽，這種生活是艱苦的，然而這樣一來，出家人不與人間隔閡，可使人間大眾多些親近的機會，並可得到人間大眾的信仰與尊敬。中國的佛教，出家人關在三門之內，自炊自食，不與人間接觸，吃好吃壞，人間大眾並不了解，甚至有人以為最懶的人才去出家，這樣的佛教，雖然高喊大乘精神，廣度眾生，實際上卻將佛教與人間隔絕起來了。另外還有一種由於乞食而來的好處，那就是身體的運動，佛制戒律不許比丘有跳躍、奔跑與手揮腳踢的行為，但是佛陀鼓勵比丘「經行」，故在每一寺內，均有經行道，即使老病比丘，扶著沿經行道而牽設的繩索，也要經行，這是一種修持法門，但也是一種最佳的運動。至於每天乞食，出外走上幾小時，不也相似於經行的運動嗎？

不唯比丘乞食，佛陀雖有經常的施主供養，或請去赴齋，或由施主送到精舍，或由侍者代取代乞，但是佛陀也時常雜在比丘群中或單獨出外乞食。可見乞食一法，在佛制的出家生活中，是很重要的。

乞食也稱為托缽，因為乞食所用食具是缽而不是碗，因為用缽乞食，可以不使飲食外溢；同時古代的印度，根本沒有用碗的，無論僧俗貴賤，都是用缽，這是他們的風俗如此，唯有以缽的質料來簡別僧俗內外。律中指出：如來用石缽（據說如來成道以後，初次受供，由天神取石，合成一缽，奉獻如來），在俗白衣用金銀琉璃等的寶缽，外道沙門用木缽，比丘應用鐵缽與瓦缽。

缽有大的也有小的，有裝飯的也有裝菜的。缽的種類有三等：一叫鍵鎡，二叫小缽，三叫次缽。大缽可有兩個，小缽放在大缽內，依次放下，隨容幾何，均可受用。這也好像我們用碗，碗有大小，作用各別。托缽乞食，實較用碗乞食方便得多。行乞時，缽可托在手上，置於胸前，也可用布做缽囊，繫布帶絡於肩上。至於比丘進食，是否必須用鉢，我尚未見律文，但以今日的南傳小乘比丘而言，則也未必盡然，他們托鉢時固然用鉢，如果赴施主之請而去應供時，盤碗盃碟，一概不拒。即如近世律祖弘一大師，他也用的是碗，不過他為清淨，所用之碗，不與大眾混雜。大陸叢林有的用鉢過堂，叢林生活卻多不遵律制。事實上即使為了持戒，必須用鉢過堂，那也是枝末之中的枝末事。當然，如以好心持戒，即使持的小戒，也應歌頌讚歎的，但如持了小戒卻鬆了大戒——四棄十三殘，那就不該了！

托鉢生活是出家人所值得提倡、值得恢復的，但是佛教傳到中國，正像橘樹過淮變了質，傳來的是佛的大法，卻將佛的生活規則遺失了——其實是中國佛教未能接受佛的生活規制，一味講大乘行的權巧方便，小乘行的律制生活就始終沒有徹底遵行過，即使是以持律而名，並對中國律制有大貢獻的諸大律祖，也未遵行此一托鉢的遺規，大家都以為環境和風尚不同，所以行不通！

今日的臺灣，固然沒有托鉢比丘，但也有人希望能過托鉢生活的，我很贊成這種希望，尤其今日臺灣的比丘並不多，向信徒化齋，信徒的負擔也不會太重。不過於開始之時有幾椿困難：第一，比丘與信徒皆不知應供與奉供的規矩。第二，中國比丘持素食，又多不持過中不食，將使應供者與奉供者均有不便。第三，每天托缽是很辛苦的，托缽而得的飯菜，也是不能全合自己口味的。

不過事在人為，如能發大真心，踐履佛制，當可克服一切困難，而能完成理想制度的。

說到托缽，因為距離佛世遙遠了，不唯中國比丘不能如理遵行，即在泰國的小乘比丘，也未能夠絕對遵行，佛制比丘不得不結淨廚界便在寺內炊煮，比丘也不得自己炊煮。但見《海潮音》四十三卷四月號，淨海法師的報導：「因為泰僧有些日子托缽不夠吃，或者有時不出去托缽，所以每一個比丘和沙彌，都自備煤油爐和小鍋等。」又說：「出家人平常也自己加菜，派寺中的俗人去市場買已被屠死的魚肉及蔬菜回來煮。」這於嚴正的佛制而言，是不合要求的。但是他們更比我們合乎要求者，乃是事實。

這篇文字，到此可以結束了。我以「但願如此」的心情寫了出來，未是之處，容有難免，尚祈尊長之輩教正之。

（一九六二年四月九日稿於臺灣美濃朝元寺，《海潮音》四十三卷六—八期）

論經懺佛事及其利弊得失

一種宗教之能激發其教徒的宗教情緒，往往是賴於宗教生活或宗教儀禮的推動；宗教徒之能夠由其一己之信心，而感通諸佛菩薩或上帝或鬼神的靈驗，往往也是導因於宗教儀式的實踐，例如：祈禱、禮拜、持誦、觀想等的媒介。所以誦經禮懺，並非屬於佛教的特色，佛教有誦經、有懺悔、有禮拜、有祝願，基督教（含新、舊兩教）也有，伊斯蘭教也有。因此，如想確認佛教具有宗教的功能，如果還希望佛教徒們保留若干宗教家的氣質，那麼對於經懺佛事的問題，談修正則可，若言廢除則斷斷以為不可。

一、經懺非佛制

經懺佛事，在時下聽來，總覺是個不太高尚的名詞，總覺得比不上講經說法，能夠令人肅然起敬。所以儘管有人要求繼續維持下去，但也有人不時透出幾句埋怨的呼聲。事實上，經懺佛事不是創自佛教的教主釋迦世尊，經懺佛事的出現卻是由於佛陀的應化人間而來，不過不在佛陀的當世，而是在佛陀去世或入滅之後。在佛的時代，佛陀不但不主張繁文縟節的誦經儀式，根本無經可誦。甚至佛陀的創教，目的正在反對婆羅門教那些繁瑣的宗教儀節，宗教師們為了應付這些繁瑣儀節，便專習儀節而不求儀節內容的宗教義理了。所以宗教的儀節，一變而成了迷信的排場，只知虛應，不求實際。於是那些宗教師們脫離了宗教的虔誠與宗教的聖潔，除了他們的職業是宗教門庭中的導具之外，漸漸地，他們的生活，便毫無一點宗教的氣質可言。尤其宗教的傳統觀念，使他們早已成了社會之中的特殊階級，因此，也更容易走上腐敗一途。一種宗教，如果到了這一地步，它的接受自然律則的淘汰，乃是意料中事，假使沒有原始的真理或價值，做為它們中興復活的動力，它們便將與人類的歷史做永久的告別。比如希臘、巴比侖以及各種原始民族的教派，到目前為止，多已成了歷史的陳跡。

我們從各種跡象去看，至少在佛陀的當世，並沒有也不主張弟子們專靠誦經禮懺，做為一種行持方法的。當時雖有誦經的人，但那是誦來教人如法修行。誦經最有名的，要算是阿難尊者了，他在佛滅之後，由摩訶迦葉所召集的大會中，向九百九十九位大阿羅漢（連他自己共為一千，亦有說是五百人的），宣誦佛在世時所說的一切法要，那就是佛教史上有名的「第一次結集」。在第一次佛經的結集之中，好像還沒有做成筆錄的文獻，此後佛教徒們，學佛聞法，都靠口頭傳誦，就這樣，大概傳誦了一個並不太短的時間，然後才有成文經典的出現。最初為求佛法，必須請人背誦，為了使得學的人，深深記住，所以教的人，將其所知的某部或幾部經典，一遍又一遍地重複背誦，學的人也一遍又一遍地跟著重複朗誦，這大概就是反覆誦經的起因。演變至今，就覺得誦經的遍數愈多，功德也就愈大了。不過這一觀念也並不錯（後面將加討論）。其實像這種情形，豈獨佛教如此，基督教的《四福音》，伊斯蘭教的《可蘭經》，都不是耶穌及穆罕默德的當世就有的。傳說穆罕默德一手執

《可蘭經》、一手執寶劍，用武力傳教，其實那不是穆罕默德，而是他的後世信徒。穆罕默德，執劍傳教是有的，但其本人並未手執《可蘭經》。正如儒家的《論語》，並非孔子的手筆，只是其門人所記孔子的言行錄。當時孔門的弟子，並沒有《論語》可讀，後世的儒生，卻非讀《論語》不可。並且不怕多讀，讀一遍有一遍的受用，讀一遍有一遍的啟發。那麼佛教的經典以及佛教徒的誦經，自也屬於同樣的道理了。

二、實踐與簡單

不過，凡是一樁事物，有它新生的因素，有它成長的因素，也必有它衰敗的因素，日久成習，習久成弊，積弊成非，這是世間法則的必然現象。好像我們人類，從初出母胎的嬰兒，經過童年、少年、青年、壯年、老年而復歸於一死，如果根據物質不滅、靈魂常在的原則，一個人的死去，也正是他另一次新生的開始，如同我們穿舊穿破了一件衣服，必須再換一件新的穿上。佛陀的出現應化，革除了婆羅門教的腐敗，重在實踐，重在簡單。佛陀初期隨處說法，隨處即是道場，佛在隨處坐下，隨處便是獅子之座。他不選擇地點，只要機緣需要，隨處都可說法，總有千萬凡聖弟子圍繞，諸天菩薩種種寶物莊嚴供養，那種絢麗宏偉的場面，實在不能稱為簡單。再如王舍城的竹林精舍，舍衛國的祇園精舍，都是非常莊嚴宏偉的道場。但這不是佛的本意，我們知道，佛陀生在藍毘尼園的無憂樹下，修道在雪山的野外，成道在尼連禪河邊的菩提樹下，初轉法輪於鹿野苑中，開宣華嚴法會於屍陀林中，涅槃示寂於拘尸那羅城外的娑羅雙樹間。可見，佛陀的一生，與林間，與樹下，特別有緣，中國唐代禪宗祖師創建大眾修持的道場，稱為叢林，這也可能是其原因之一。那麼佛陀當時的佛事，中國初期的禪門，可能表現得最為接近，所謂擔水砍柴，舂米洗碗，日常的生活，無不都是佛事。然而另一方面，由於經典的傳誦，由於虔敬的表達，漸又使簡單的切實的佛教，演成了儀節與義理並重的佛教，再演變而成只行儀節不重義理的佛教；到最後，僧徒們便將經懺佛事，當成了餬口的營業。到此地步，佛教的衰微，也就難免了，革新的呼聲，也就出現了。這在世相的變遷上，好像是必然的行程，也是意料中的結果。所以我們不必驚訝，不必哀嘆，但看我們能不能擔起中興奮發的任務，做一番改革，做一番澄清。

三、讀誦禮拜與益生薦亡

我們在大乘經典之中，差不多每一部都會看到，諸佛菩薩鼓勵並讚歎受持、讀誦、書寫、禮拜，以及為他人說的無量功德。每說凡為經典所在之處，即是如來法身所居之地，亦為如來舍利塔廟所現之境，所以讀經的人，等如佛陀的再次說法，也同阿難口誦「如是我聞」的當時，同樣地莊嚴，讀經者於讀誦之時，彷似親臨佛陀時代的各大勝會。佛陀時代的常隨弟子，因其根機深厚，所以每逢一次法會，每聽一次開演，就有很多弟子證得各種聖位聖果，所以佛陀也不必再將同樣的經典，重複宣說。事實上，佛陀說法四十餘年，演教三百多會，雖然沒有重複過一部經典，佛法的內容，往往總是三法印、三學、四諦、六度、八正道、十二因緣，加上依報正報、四聖六凡、生死涅槃等等，故也沒有重複開演某一部經典的必要。再說所謂經典，在佛的當世，根本沒有成文，佛陀只是隨緣相機而說，絕不會肯定哪一部經是最好的，哪一部是次好的，所以經中要說「深入經藏，智慧如海」，並非教人僅僅捧住某一部經來死讀死誦。當然，如果我們在經藏之中，涉獵一番之後，覺得某部經典或某幾部經典，最合自己的胃口，因為我們根機淺薄，那是不妨專門反覆讀誦它們、禮拜它們的。那時，我們多讀一遍、多禮一拜，將會多一分的收穫，漸漸地由於讀誦禮拜，而能化經中之境於身心之內，化此身心而通感通達，乃至通透於諸佛的性體。至於一般人的盲目讀誦，不解經義，只求功德，如果不能由於讀經而放下散心入於定境，或藉懇切的虔誠而感應神靈，那他除了熏習作用的一點所謂功德之外，並無多大的意義。

佛教誦經禮懺，在原始的乃至小乘的，多不如中國大乘佛教之來得隆重，就尊法崇道的立場說，身為中國人的佛教徒，應該感到欣慰。因為佛教來中國，自成一個型態，而成為純中國的佛教，中國佛教的經懺佛事，也與其他國家的佛教不同。經懺佛事的起源已如上述，佛教來到中國的初期，所做的佛事，大多是譯經的工作，甚至把誦經講經的事，也合併在譯經之時舉行。比如鳩摩羅什法師及玄奘法師，他們的譯場，同時也就是講堂，主譯的人，往往手持梵本經卷，口宣漢譯經文，邊譯邊講，邊加研究，邊予指導，所以主譯者既是譯師也是導師，助譯者既是譯員也是弟子。至於專門讀經，那是經本譯出之後的事了。不過我們可以肯定，讀經或誦經的最初，目的是在自修，至於受雇於他人的所謂「得人錢財，與人消災」或「超薦亡靈」的讀經誦經，既不是原始佛教的色彩，也不是中國初期佛教的型態。因為中國的社會，先已有了道教的流行，佛教這種「消災」與「薦亡」的佛事，非常可能是受了道教所謂「作法」的刺激，所以應運而生，以資抗衡道教，免得道教在這方面優勢獨占（此係個人的假設，究竟是不是如此，尚待做進一步的考證）。因此，直到目前，如《水陸儀軌》，雖經唐之法海、宋之四明、明之雲棲等數度刪增，它的文字之中，尚有一些道教的觀念。然而筆者又可肯定，凡以虔誠懇切，感念求法之心來讀誦經典，他必能有得於心，有了心得，他又必不甘心永滯於讀誦的一個境界，必定會油然生起弘法度生的利他精神；所以小乘人的不會永停於自利階段者，原因也在於此。否則的話，似乎也可反證，他雖讀誦經典，等於沒有讀誦，正如拳擊虛空，沒有反應，等於不擊；同時也可證明，讀誦的目的僅為利養，並不在乎求法。

上面說到中國佛教之有消災薦亡，可能是受了道教的影響，但是中國佛教之有薦亡法會的開始，有史可考的，則起於梁武帝蕭衍，最有名的梁皇寶懺及水陸儀軌，都是梁武帝時代的產物。發起於梁武帝，助成於同時的寶誌公大師。誌公大師，傳為大士菩薩化身，應化當時，頗能顯示神異，所以梁武帝迎供之後，每有疑異，必請誌公相議。相傳梁皇寶懺之由來，係因武帝懷念皇后郗氏之亡，郗氏轉墮巨蟒之身，求乞超度。詢以誌公大師，誌公則說：需要禮佛懺悔，為其滌除罪障業垢，方可拯拔郗氏皇后。於是梁武帝便禮請誌公從諸多佛經之中，採錄諸佛菩薩名號，其中懺文，全為佛說法語，削蕪取菁，共成十卷。以我們現在來看，《梁皇寶懺》的內容，的確可誦可讀，可禮可閱，除了聖號的插入，實即一部綜合性質的佛經，所以相傳至今，禮誦不衰，而且常有靈驗。再說《水陸儀軌》的緣起，據說是梁武帝在夢寢之間，有一高僧示夢，教他普度水陸儀軌有情，一切含靈，所以他在寶誌公的協助之下，遍覽大藏，以〈無量威德自在光明如來陀羅尼〉為其中心，製成《水陸儀軌》。故以《水陸儀軌》的內容來看，實即是瑜伽焰口的擴大。焰口之產生，是由阿難林間習定，觀音大士化餓鬼王身，告訴阿難，三日之後，當墮餓鬼道中，阿難急向佛陀請示解救之道。佛陀即以佛在過去無量劫中，曾做婆羅門時，於觀世音菩薩及世間無量威德自在光明如來之所，所受〈無量威德自在光明如來陀羅尼〉法，授予阿難，命其加持此一陀羅尼法七遍，能令一食變成種種甘露飲食，即能充塞法界，能使無量恆河沙數一切餓鬼，及婆羅門仙，異類鬼神，皆得飲食飽滿，並能解脫苦趣，超生天界，或得聖果。能以此一廣大布施的功德之力，便可使得行者，福德增加，壽命延長，此是消災植福延年益壽的最佳法門了。所以〈水陸大意綸貫〉的開頭便說：「面然興權，冥被阿難，我佛慈濟，開演妙法，此最初施食之大因緣也。」根據雲棲大師《竹窗三筆》中則說：「昔白起以長平一坑，至四十萬，罪大惡極，久沉地獄，無由出離，致夢於武帝，武帝與誌公諸師，議拔救之策，知大藏有水陸儀文……而今藏並無其文。」可見面然興權，佛授阿難施食的法門，傳來中國很早，後來失佚了。因為我們知道，焰口施食，現在藏經中最早的漢譯，是出自唐代天寶年間的不空三藏之手，叫作《瑜伽集要救阿難陀羅尼焰口軌儀經》。但是水陸儀文的內容，又像是焰口的擴大，《水陸儀軌》的製成，卻遠在焰口之前的梁武帝時代，相差約二百年的光景，那麼雲棲大師所說，梁武帝時，即知大藏有水陸儀文，也可能是真的。不過梁武帝以後的《水陸儀軌》，已是出自梁武帝及誌公等諸師的重製，而不同於先前的水陸儀文者，也是真的。否則《水陸儀軌》的來歷，便沒有基礎了。

四、祖師廣修經懺非為僧眾餬口

我們看梁皇寶懺、水陸儀軌、焰口，身為一個佛教徒，實在不敢主張廢棄，其中除了有些觀念已不適合今日的時代之外，它們的文字都很優美，情意都很深切，尤其我們如果還能不以為禮佛持咒是一種迷信或浪費的行為的話，我們不但不該反對，並要更加讚歎。在中國佛教史上，提倡經懺佛事最為積極的人，要推雲棲大師。甚至有人明知若干經咒如：《血盆經》、《胎骨經》、《高王觀世音經》等是出於中國民間的偽造，文字拙劣，義理不暢，但因這些頗受民間傳誦，並且時有靈驗，所以也加羅列；因其以為，文字雖出偽造，諸佛菩薩聖號，卻是出於佛經，所以仍有靈驗可觀，所以不敢妄自廢棄。唯因由於經懺佛事而流為僧眾的營生職業之後，僧眾天天應赴，精神不能集中，身心勞於疲憊，經懺佛事變成虛應塞責，住持以此做為生意般經營，僧眾則以此為餬口的生計。於是僧格尊嚴掃地，佛門精神蕩然。因此就有一些人們批評雲棲大師不該提倡經懺佛事，延留至今，竟是流毒沙門，成為佛教衰頹之禍因。不過我想，雲棲廣修經懺法要，目的是在弘揚聖教法門的自利利他，並希以此利及法界之內九種十類，一切有情，同得解脫，共證菩提，實出於菩薩救世的大慈悲心，至於經懺佛事的流弊，諒非雲棲大師所曾料及。

五、勿落原始宗教的泥沼

本來，佛教的經懺佛事，是用來自修的，不是用來超度亡靈的，雖在自修之中，迴向功德，普為四恩三有，不為自求福報。但是自修出於自動，有人布施，固要自修，無人布施，也要自修。所以受請於人而去誦經禮懺，並且掂斤看兩，講好人數，說好一人幾炷香，一炷香多少時間，一人多少錢，一堂佛事多少錢，這種現象在佛陀時代是看不到的，也是佛陀極端反對的。然而人類宗教的最初型態，是巫師或祭師，原始的人類，一切的禍福苦樂，都委命於他們，他們的職掌，便是禱福禳災。人類需要宗教的安慰，也在於此。人類總希望有一些能夠感通於神明的宗教師，來為他們祈求，將他們的願望通過宗教師的媒介，而達於神明，神明便可為他們消災降福，為他們解決問題，幫助他們表達對於生者的恩義，對於死者的懷念，對於神明的敬意。這種觀念，在人類的潛意識中，直到現在，仍未消滅，這也正是人類之中尚有宗教存在的主要因素。所以佛教傳來中國之時，並沒有度亡的佛事，到了梁武帝時，由懷念郗氏皇后的去世，而創製《梁皇寶懺》懺本。即如水陸儀文，或者傳譯於梁武帝之先，但水陸之由，起於阿難施食，以理推之，阿難施食之時，除了他本人依法加持〈無量威德自在光明如來陀羅尼〉法之外，似乎沒有第二人乃至第三人參加的必要。至於水陸道場的內壇外壇，人數眾多，組織繁複，規模龐大的所謂無遮大會，實非佛陀時代的本來面目，而是梁武皇帝的虔心供養。以其君主之尊，一國之富，來莊嚴此一水陸道場，自屬應然。不過我們可以斷定，經懺佛事之應用於度亡法門的專課，乃是創自梁皇武帝，但那也是出自原始人類對於宗教要求的同一情緒。這對後世的中國佛教來說，其利實不足與其弊相抵相衡。

佛教本不是原始的宗教，也不負有原始宗教的使命，但是自有類似情形之後，也就降下一格，迎合了原始宗教的要求。更不幸地，一到後來，竟爾急轉直下，一瀉千里，佛教的僧眾，多從人天師範的寶座上，跌下了巫師或祭師的泥沼，甚至不如巫師、祭師地位的受其社會之尊重。事實上，佛教可以不必同流於原始的宗教，因為佛教的僧眾，絕不同於巫師；巫師皆以神明的代言人或化身自居，他們自處於超然的地位，只承認他們才有能力與神明接近。佛教的觀念，主張人人平等、眾生平等，只要工夫到家，僧眾固可感應諸佛菩薩，並且可以自我昇拔於諸佛菩薩的地位，人人也可感應諸佛菩薩，並也可以自我昇拔於佛菩薩的地位。僧眾與一般人的不同之處，是在教導一般人去如何感應諸佛菩薩，如何自我昇拔於諸佛菩薩的地位，僧眾絕不可能大權獨攬，獨力經營經懺佛事；為求超凡入聖，僧眾固該誦經禮懺，一般人也該誦經禮懺。一般人之供養僧眾，絕不是為了將自己乃至親屬死後的前途，委諸僧眾，而是為了僧眾能夠教導自己如何才可於死亡之後，不致墮落三惡道中。這同樣是宗教的要求，但已不同於原始的宗教，而是原始宗教的昇拔。

六、現行佛事的經與懺

我們看，現行而被僧眾們經常做為消災薦亡植福延壽的經懺，不出水陸（已少啟用）、焰口、梁皇寶懺、水懺、大悲懺、淨土懺、藥師懺、地藏懺，及《華嚴經》、《法華經》、《金剛經》、《心經》、《阿彌陀經》、《地藏菩薩本願經》等等，其中的懺文都是中國人編製的，水陸儀軌與焰口，雖有它們原始的依據，但也出自中國人的眾力糅合。水陸儀軌由阿難開始，經寶誌公、梁武帝、法海英公、長蘆賾公、四明東湖志磐法師、雲棲蓮池大師、源洪法師，以及東坡蘇文忠公、東川節推楊公等的數度修輯，潤文闡揚，才存今日的面目。焰口與水陸同根，由阿難發源，經不空三藏於唐時天寶中譯出（其實是口述）《瑜伽集要救阿難陀羅尼焰口軌儀經》，阿闍黎節之為《瑜伽集要焰口施食儀》，海上增益科儀，天機節去繁蕪，雲棲重加修訂，目前國內所用《瑜伽焰口施食要集》，則為寶華山癸酉年修正本。可見焰口施食，變遷更改好多次了。今在《大正藏》中，有關焰口施食者，有如下數種：《佛說救拔焰口餓鬼陀羅尼經》、《佛說救面然餓鬼陀羅尼神咒經》、《施諸餓鬼飲食及水法》、《佛說甘露經陀羅尼咒》、〈甘露陀羅尼咒〉、《瑜伽集要救阿難陀羅尼焰口軌儀經》、《瑜伽集要焰口施食起教阿難陀緣由》、《瑜伽集要焰口施食儀》、《佛說施餓鬼甘露味大陀羅尼經》。

其中內容，長短不一，有的很長，包括咒品文相乃至手印觀想，有的僅僅一個短咒，然其本質，大致相同。我們由此可見，佛法的流傳，同一經本，同一出處，流之愈廣，傳之愈久，贗本或異本也就愈多，弄到最後，甚至不知究竟哪一版本最近原始的稿本。好在不出佛法的大體，全部都可算是佛法。佛口親宣的是佛法，諸大菩薩，古德先賢，所說所製者，也是佛法。所以除了經典之外，諸部懺儀，皆為我國歷代帝皇高僧所作，不過除了《水陸》、《焰口》、《皇懺》之外，皆為自修之用，如《三昧水懺》，是唐朝懿宗時代的悟達國師，以迦諾迦尊者化示三昧法水，洗除他的人面業瘡之後，便作懺法，朝夕禮誦，以消宿世怨業。宋代四明尊者知禮大師，根據伽梵達摩所譯的《千手經》，作成《千手千眼大悲心陀羅尼懺法》，簡稱大悲懺。宋代慈雲懺主，根據《無量壽經》、《大彌陀經》、《觀無量壽經》、《阿彌陀經》等製成《往生淨土懺願儀》，也是備作學人自修之用，並且規定，共修此一懺法，多者十人，再多則不可。行此懺法，非常嚴格，唯恐行者失之流弊，特於懺儀之前，提出十項規定，果真如法而行，不難一心不亂，花開見佛。藥師懺是本著《藥師經》而來。地藏懺是明代八不道人靈峰蕅益大師智旭所述，因他本人，是在二十歲的那年冬天喪父，及閱《地藏菩薩本願經》，便發出世之心，故在出家之後，深敬地藏本願，切念地獄眾苦，便以《大乘大集地藏十輪經》、《占察善惡業報經》、《地藏菩薩本願經》，製成《地藏菩薩懺願儀》，以期大眾，共洗先業，克求聖果。在此我們可以明白，先賢古聖，製作懺法，不是為了後世僧眾造飯票，而是出自大慈悲憫的本誓願力。後世佛子自甘墮落者，實在無理遣過於先賢古聖的製作懺法。再說經典，嘗說不讀《華嚴經》，不知佛家的富貴，八十卷《華嚴經》，如能透底通達，便可事理無礙，理事無礙，事事無礙，不是正等正覺，也是登地菩薩了，所以讀誦《華嚴經》，往往可以開大智慧，得大靈異。《法華經》七卷二十八品，讀誦靈驗更為卓著，例如天台智者大師，修習三昧，誦經至〈藥王菩薩本事品〉，豁然大悟，寂而入定，親見釋迦世尊的靈山一會，儼然未散，獲一旋陀羅尼，自是以後，照了《法華》，如曦和之臨萬象，達諸法相，似清風之遊太虛。《金剛經》、《心經》是佛教闡釋因緣生法，性本空如的要典，能夠全部受用，便可進入一真法界；不要說全部受用，如果心誠意淨，即使聽聞一句一偈，也能一念頓悟。例如禪宗六祖惠能大師，他聽五祖講《金剛經》至「應無所住而生其心」句，豁然開悟。《阿彌陀經》是修習淨土法門的要典，《藥師經》是懺除罪障的要典；一攝彌陀願海，一歸藥師願海；一求西方淨土，一望東方淨土，都是極好的修行法門。至於《地藏菩薩本願經》，要在闡揚地藏菩薩本誓大願：「眾生度盡，方證菩提，地獄未空，誓不成佛。」所以地藏菩薩最易接近，所以《地藏菩薩本願經》上要說「閻浮眾生，於此大士，有大因緣」，只要一讚禮，一聞名，一讀此經，便有無量福報，終至必出苦輪。

由上看來，經懺佛事，並非壞事，相反地，如果不是經懺佛事，我人的信佛學佛，也就無從生根著力。主要在乎經懺佛事，不得視為營生的工具，而是要將經懺佛事當作我人通向成佛之道的橋樑，我人應在經懺之中體認成佛之道的種種方法，以期學佛所學，行佛所行，達於證佛所證的無上佛境。

七、焰口內容及佛事要求

最覺得荒唐的是，我雖曾由經懺生活之中打滾過來，但對經懺佛事的內容及其意義和義理，卻完全不懂，我只曉得人家如何念得好聽、唱得好聽，我就學著念學著唱（如今時隔十多年，嗓子、中氣，以及那些本領，都已不行了），我曾問過一位在小廟上掛頭牌，並在寶華山當過維那的師父：「瑜伽焰口四字怎麼講，放焰口為啥要戴毘盧帽？」他的回答是：「阿彌陀佛！我能說法，老早就做法師了，還會在這裡做經懺鬼子嗎？」（也許是他的客氣）不過這次當我再度出家之時，年已三十，知見已較寬廣。初以客串身分在焰口台上站空班時，內心非常痛苦，自己不解焰口，竟來超度亡靈，豈不反叫亡靈咒罵！但是跟著大眾一字字、一句句、一頁頁、一段段，唱念下去，邊唱邊念，邊去體會其中的義理所在。首先迎請諸佛菩薩，接著供奉諸佛菩薩，念著緣起文，又念到召請十方，盡虛空界，三塗地獄，乃至諸天鬼神，以淨甘露，滋潤身田，永離邪行，皈敬三寶，身常清淨，證無上道；又念到各種咒印：變食、召鬼、破地獄、開咽喉、摧罪、破業、懺悔、為鬼說皈依、為鬼受戒、為鬼說法，而到一切孤魂洗腳上船、同登慈航、共向成佛之道揚帆為止。凡此，以密法為主，顯教為從，以三業相應（即瑜伽之意）為方便：結印、持誦、觀想。作法者果能心誠意切，登上三昧耶密壇（焰口台）之後，三業清淨，一心專注，必有效應可觀。所以作法者的資質，各本之中，均有明文限制，試舉數例如下：

佛告阿難：若欲受持施食之法，須依瑜伽甚深三昧阿闍梨法。若樂修行者，應從瑜伽阿闍梨學，發無上大菩提心，受三昧戒，入大曼拏囉得灌頂者，然許受之。受大毘盧遮那如來五智灌頂，紹阿闍梨位，方可傳教也。若不爾者，遞不相許。設爾修行，自招殃咎，成盜法罪，終無功效。若受灌頂，依於師教，修習瑜伽威儀法式，善能分別了達法相，故名三藏阿闍梨，方得傳斯教也。（《瑜伽集要焰口施食起教阿難陀緣由》）

瑜伽法門，皆從梵書字種起觀，出生一切廣大神變，普利有情。此本首列二十字，行者切須觀想純熟，方可登壇作法，其字結構，均有天然軌則，不容毫髮差殊。（《瑜伽焰口施食要集》卷首）

然必三業相應，道行高隆，精研熟練，方能自利利他。不然，罹咎弗少。（《瑜伽焰口施食要集·序》）

若請法齋主，與作法諸師，各皆竭誠盡敬，則其利益，非言所宣，譬如春回大地，草木悉荷生成；月麗中天，江河各現影象。故得當人業消智朗，障盡福崇；先亡咸生淨土，所求無不遂意。並令歷劫怨親，法界含識，同沐三寶恩光，共結菩提緣種。若齋主不誠，則出錢之功德有限，慢法之罪過無窮；僧眾不誠，則是鼓槖籥以為經，交杵碓以成禮。于三寶龍天降臨之際，作鹵莽滅裂塞責之行，其不至罪山聳峙，福海乾枯，生罹災禍，死受譴謫者，何可得也！（《甲子重刻水陸儀軌．印光大師序》）

我們如果看了以上的四段徵引，再替人家做佛事，恐怕就有戰戰兢兢的感受了，無怪乎在現行的焰口本中，召請條理，也有一條是：「一心召請，出塵上士，飛錫高僧，精修五戒淨人，梵行比丘尼眾。黃花翠竹，空談祕密真詮，白牯黧奴，徒演苦空妙偈。嗚呼！經窗冷浸三更月，禪室虛明半夜燈。如是緇衣釋子之流，一類覺靈等眾。」

事實上，能夠是五戒梵行，空談祕密真詮，徒演苦空妙偈的出家人，已經是可以的了，一般的應赴僧眾，還不到這一境界哩！說來也真痛心。其實，我們若在經懺之時，果能身敬、口誦、思惟，三業清淨，三業相應，不愁不能感應諸賢聖眾，不愁不能懺悔業障，譬如大悲、淨土、地藏各懺之中的懺悔發願文，誦來都能使人感激不已，甚至痛哭流淚。但是佛事而形同演戲之後，這些宗教的情緒與宗教的功能，也就蕩然無存了。

八、我的看法與建議

我們都知道，經懺佛事之被廣多僧眾，取為衣食之資，做為販賣之具，不以今日為始，乃是由來已久。懺法之興，多在唐、宋以後，禪宗本無懺法，後亦相繼崇效，一則以維持門庭，次則以集體修持，再則以接引初機。佛陀時代，諸大弟子，分化各方，乃以言教身範，深入民間，恢弘佛道。我國唐、宋以下，高僧賢德，固然代有人出，然而僧眾之間，中下根器者，究屬絕對的多數，他們無以為生，無以弘化，但知誦念禮拜，民間信之，則延之請之，邀至其家，超薦先亡，植福延生，遂而相沿成習，相習成風，所以民間中下階層，往往由此而知有佛教，漸而接近佛教者。所以應赴一門，雖為眾弊之流，亦有善端所在，不可一概抹煞。即到今天，請和尚尼姑超薦先亡的，多半不是皈依了三寶的正信佛子，但他們既能上廟做佛事，最低限度絕不是外道的信徒，在他們的情感上，總還承認信仰著佛教。如果佛門之中，一旦中止了經懺的應赴，勢將拒絕了許多人的入佛因緣。

但是，不能因了開刀會痛，便讓毒瘤永遠留在心腹之中，時至今日，有懷抱的諸山長老，該為著佛教的前途作想，該為經懺佛事重加改革一番。據我所知，今日臺灣的佛教界，無論是長老，或者是青年，對於經懺佛事的應赴，絕無絕對的好感，可是只要齋主上門，無不欣然歡迎，為的是希望替常住增加一些收入；雖不主張青年僧眾混跡埋葬於經懺佛事之間，但如能夠幫忙自家的佛事，又覺得非常高興，這實在是一種極端矛盾的心理。然為「現實」問題，或也無可厚非。同時，多數的青年僧眾，如果不是「經懺」的收入，往往即使是衣履郵資，日用必需，也將成為問題。不過，若非物質講求，似仍過得去。否則一旦落入「經懺」的職業圈中，勢必意志散漫，毫無奮發的信念了。

即使是在如此的情形之下，我仍希望提出自己的建議：

（一）各道場盡可能皆以弘法為要務，盡可能都以信施（不是賣買）來維持。不得已而非做「經懺」不可者，則佛事是齋主與僧眾雙方的修持，凡做佛事，僧眾固該如理如法，虔敬以赴，齋主合家，也該跟隨僧眾，參加禮誦，以其超薦先亡的機會，共浴佛教的甘露法味。最低限度也得於佛事之中，增加一個節目——向齋主說明佛及佛事的大意。唯有如此，庶幾不將僧眾，當作計時賞酬的工人同等看待，庶幾不失佛事之為佛事的莊嚴。

（二）青年僧眾，應該立志，精進努力，刻苦以赴，在艱難困苦之中，為個人開創前途。個人都有前途，佛教就有前途，既成就了個人，同時成就了佛教，尤其還是成就了我們的社會，乃至一切的眾生。只要自己能吃苦，不怕未來沒前途，不愁生活不下去。

九、結語

佛事總是要做的，不過，理想的佛事，絕不是買賣，應該是修持方法的實踐指導與請求指導，因為僧眾的責任，是在積極地化導，不是消極地以經懺謀生。但願我們的時代，是中國佛教史上的一個轉捩點，是一個新紀元的開始，不是舊時代的苟安，或是更糟的延續。如果擔心佛事的改良，影響到經濟的收入，我想，只要做得認真，行得合理，那是無關緊要的。再如擔心一家改良，別家不改，會在某種觀點的競爭上失利，我想，只要做得好，不怕不識貨，只怕貨比貨。或者也可就此問題，各地區分別召集諸山會議，採取同一步調。事關佛教的興廢盛衰，願我寫下一萬餘言，不是拳擊虛空，希望有點酵素的作用。

最後謝謝浩霖法師，浩師知我要寫本文之後，特將《水陸儀軌會本》，冒著暑熱，親由臺北市送到北投山上，借我參考，盛情高誼，至為感人。

（一九六〇年九月一日，《今日佛教》四十一期）

佛教的男女觀

一、引言

我相信凡是看到這篇文章的人，都會對我標的這個題目感到興趣，因為除非已經證到聖果，階登聖位的人，否則對有關男女的問題，常會引生或多或少的興趣。這一心理的自然趨勢，也正說明了我們欲界眾生的煩惱無明，是以淫欲為其主因。但是我要指出，這個問題雖然嚴重，願意指出並分析它的嚴重性者，卻又很少，大家總以為男女問題是祕密事，也是鄙惡事，由我們出家人來公開討論，不無有傷大雅，故也諱莫如深。因此，我也能預料，當我這篇文字刊出以後，將會受到舊派思想反對，同時也不會受到新派思想的歡迎。因為我既公開討論，已自打破了傳統的慣例；我既要正視這一嚴重的問題，目的是希望維護佛制的根本精神。

二、宗教生活與男女問題

在世界各大宗教之中，凡是高級的宗教，都承認男女之有性別，僅是人間的現象；進入天國之後，便無男女之分，也沒有婚嫁之事。這是說明了世間與出世間的差別，與男女的性別關係，實是一大關鍵。如若沉溺於男女愛欲中的人，要想出世，那是辦不到的。實際上，凡是貪著於男女愛欲的人，絕對不會想到出世的問題，即使口頭上說著出世，也僅止於口上說說而已！

在現行的各大宗教之中，比如：佛教、印度教、耆那教、錫克教、猶太教、基督教、伊斯蘭教、波斯教、道教等，絕對多數，都是主張禁欲與節欲的，教徒信教之後，對於男女淫欲，必須節制，必須有一制限；信仰宗教而達於嚮往出世之時，他就會自然地走上出世的道路。

在印度宗教的觀念，人的一生，可分四個時期：第一期為青年期的學習生活，第二期為家庭生活時期，第三期為林中苦修生活時期，第四期為羽士時期——拋棄世務，以其整個的生命，為弘揚宗教及救世事業而努力。這一觀念，直到現在，仍為印度教徒之所採用。這四個時期，標明了人生的過程，是由學世、處世、出世，而終達於救世的目的。換句話說：人皆應該有一出世生活的嚮往；若無出世的修為，便不能達到救世的目的。出世的生活，能夠放下物欲的纏縛，唯有徹底放下了物欲的纏縛，才能直下承擔起救世的重任——存天理而去人欲，一往直前，了無私欲的反顧，那時才是救世者的本來面目。

至於耆那教與錫克教，現在印度境內，仍有若干的信徒及其教化的範圍，他們都是禁欲與節欲的——出家人禁欲，在家信徒，則應節欲。

西方的猶太教，雖然沒有禁欲的主張，甚至好多猶太教的先知們，竟會犯了邪淫罪，有的是父女通姦，有的是兄妹通姦，有的是擄掠婦女為戰利品，但在他們所重視並期一律遵守的「摩西十誡」之中，有一條便是「不可姦淫」。不過若照宗教的層次來看猶太教，乃是一個民族宗教，他們所信仰的上帝耶和華，也只是一位猶太民族的保護神而已，他們對於出世的嚮往是談不上的，對於救世的悲心，更不用提了。

基督教就不同了，基督教的教主耶穌，終其一生，沒有結婚，為他施浸的約翰，也是一位苦行僧。他的十二位門徒之中，有的雖是結過婚的，但是跟隨了耶穌之後，就很少再回家去，享受他們的妻室之樂了。耶穌死後，基督教的教團，全是由其門徒建立起來的，其中最有名的是使徒約翰（不是施浸的約翰），他絕對主張禁欲，以為凡是為上帝「做工」的人，皆應保持身心的聖潔，所以他主張傳道者是出家人。當他發現有些人不適合於過出家的禁欲生活時，他便慨然地宣說：「如果他們不能自制，讓他們結婚罷！」正因如此，基督教的僧院生活，自西元三一五年後，漸次形成。直到馬丁．路德（Martin Luther）與約翰．喀爾文（Jean Calvin）創導宗教革命，一部分的傳教士，雖從修道院中得到了「解放」，投進了婦女的懷抱，而過塵世的生活；但是仍有很多的僧侶們，依舊維持著禁欲的生活方式，迄今不墮，這就是被稱為天主教的修士與修女了。事實告訴我們，今日的基督教，雖由宗教革命而產生，但是宗教的革命，只是刺激了天主教的自清或自新，基督教卻並未因了革命的成功，而提高了宗教的價值；相反地，今日的基督教，除了派系林立，相互水火之外，其宗教精神，及宗教修養，卻又無一可以趕上天主教的。這就是出世與戀世（非入世）的差別所在了。

還有一個波斯教，該教教主瑣羅亞斯德，雖生於西元前七世紀中葉，但到目前為止，僅有信徒十萬人左右，乃為世界最小的一個宗教了。原因是其教主曾娶兩個妻妾，奉行多妻制，毫無宗教情趣，且與政治勾結一起。

我們中國的古宗教，是道教，若以道教的根源是本於黃帝與老莊，那也是談不上禁欲的，不過老子與莊子的精神領域是很高的，故其最低限度，不似穆罕默德之流。而自漢末以降，道教與方士混合之後，凡為修道之士，也以出家者為主。修道是希望羽化成仙，希望超塵脫俗，貪著於男女欲愛的人，他就不能超塵脫俗了。我們看一般縱情於聲色貨利之中的人，必然是俗濁不耐的人；凡是清逸脫俗的人，必定也是清心寡欲的人。清高的世人，尚且需要淡泊於男女的愛欲，何況是一個希望羽化成仙的修道之人呢？但在道教的末流之中，竟有研究「房中術」來解釋性欲問題的，並造出許多採陰補陽與採陽補陰的話來，欺人欺世。實際上，修道不從息欲開始，反從縱欲著手，其結果不但不能成仙，不但不能長生不老，反要因此而短命早死了！

說到此處，我們可以肯定地說一句：宗教的精神應以出世為目的，若要達到出世的目的，應由禁欲開始。淫欲這樁事，乃是生物的本能，品類愈下，愈難約束欲念的衝動，品類愈高，愈可見出約制欲念的能力。欲念重者，向下落沉，欲念輕者，向上浮升。一個器官，久久不用，便會退化，而至於無形——好像人類本有尾巴，因為久遠不用，所以沒有了。人之對於男女性欲，如能約束限制而至於究竟，性欲的念頭，也就會退化了。故以佛教而言，三界眾生，只有欲界有淫欲，並在生到欲界天之後，六層欲界天，層層向上，也層層退化，直到進入色界之時，淫欲之念便可一掃而光了。那麼，一個宗教徒，既想出世，豈有不先約制淫欲的道理？

三、男女生活與生理問題

我們無可否認，世間凡為生物，不論動物與植物，都有兩種本能：第一是飲食欲，第二是生殖欲。如果離開第一種本能，便不能生存；如果離開第二種本能，便不能綿延。所以這兩種本能，不用訓練，不用教育，乃是自然而然的。飲食欲是由生至死，不斷不絕的，生殖欲則自發育而至老死期間的現象。

但此兩種本能，同屬一種性質，那就是飢渴的感覺。此在動物，遠較植物來得顯著，飲食是求取吸收的飢渴，生殖是求取發洩的飢渴。在此兩種飢渴，飲食的飢渴遠較生殖的飢渴迫切，然而吸收飲食而至某一程度之後，生殖的飢渴，也必跟著產生，所以生殖的飢渴，須在滿足了飲食的本能之後，才會產生。兩者同為本能，飲食則尤為要緊。不進飲食，會有兩種可能：自己不能生存，也不能生殖子孫；不生殖，卻絕不會因此而喪生。

但是，世間眾生之繁榮綿延，生生不息，端賴於各各有其生殖的機能，是故「生命必由生殖而來」，已成了生物學上的定論。當其滿足了飲食的飢渴而至成長發育之後，兩性的相互求偶，乃是自然的現象。所以除了性機能殘缺或是人類之中的出家人之外，兩性的結合，是不容置評的。若說兩性的交會，是一種罪惡，我們這個世間，也就成了一個罪惡的總體。試問：生物之中，有多少東西是不藉性交而產生的？所以在我們的世間中，時時處處，都有性交行為的現象發生，因為除了人類，即以動物而言，下至何處沒有昆蟲？牠們又是從何而來？說來也真可怕，我們竟是生活在充滿了淫欲氣氛的淫窟之中！

上面講到生殖欲，其實生殖只是其結果，生殖欲的衝動，卻又未必是為要達到生殖的目的，這就是生理的自然現象，促使其求有發洩的機會。這一生理現象，凡是健全的，不論男性女性，都是與生俱來。只要有飲食的能力，就會促成生殖機能的生長與完成，正像吸收了飲食之後，定有大小便溺的排泄，生殖欲的發洩，也正是排泄的一種，所以有好多下等動物，往往是藉腎管來排卵與輸精之用。不過此一排泄，不同大小便的非排不可，因為大小便溺是飲食經過消化之後的廢物殘渣；生殖腺的活動，乃是由胃腸吸收了飲食的營養之後所成就的一種生理機能，即使非要排泄不可，如女子成熟之後的定期排卵，那也未必非要求取生殖欲的滿足不可。

至於所謂「性欲」的衝動，那是由生殖腺的內分泌，刺激了神經的交感，而產生的一種生理現象。（「性欲」一詞的英文是 sexuality 或是 sexual desire，日本人譯為性欲，中國人也跟著人云亦云。其實，「食色性也」，性欲一詞應該包括食、色二欲，男女的淫欲，只能稱為色欲，而不得稱為性欲。此與佛典所翻的色欲，是可相通的）不過，擒賊應擒王，色欲的衝動，如果沒有心為主宰，如對外境的異性，不加分別，不起遐思，不存邪念，生殖腺（睪丸腺與卵巢腺）是不會無故衝動的。

然而問題並不會就此解決。由於生理機能的自然發展，就會影響到心理活動的自然傾向，正像大雨下在高山上，雨水循著山谷山澗，順流而下，乃是必然的道理。除非以人工來為之築起大水壩，節制水流，疏通水流，甚至禁止水流。但是節制水流者，需要浩大的工程，若要禁止水流或阻絕水流者，工程更要浩大了。不過不要說阻絕水流是不可能的事，只要水壩築得夠大，雨水就會儲在其中，或予人工疏導，乃至自然枯竭。當然，這不是平凡的人所能擔負得起的工程啊！

故就一般而言，男女發育之後，要求生殖欲的滿足，乃是自然的趨勢，由於一般的男女，不是偉大的水利專家，他們不善治水，如果盲目地治去，將會引起「黃河決口」的危險。所以一般男女的身心，結婚的比不結婚的要健康安穩一些，這也是事實。

因為一般人的心理活動，總是順流而下的，以通常的眼光來看，這也是天經地義的，世間既然有男有女，人類也正因有了男女的結合，才會代代相傳，遠祖是如此，近祖是如此，眼前的社會，也是如此，若要盼望於將來的人類，自亦非要如此繼續下去不可。因此，我們對於人類的男女共同生活的方式，是不必苛責的，也不必責之為罪惡的，如說這是罪惡，整個的人類乃至一切眾生的輪迴六道，根本就是罪惡而來，罪惡而去，盡在罪惡之中打滾兜圈子！

可是，人們站在自己的立足點上，很少能夠不以主觀的眼光去看人的，我們宗教徒的出家生活，在一般人的看法，不唯愚蠢，簡直是可憐！他們每說造物者既然造了男女，就應順乎天理，男婚女嫁，宜室宜家，如果硬要背乎天理而行，那就放棄了人之所以為人的責任。聽起來，這是冠冕堂皇的話，他們殊不知人的私欲多半是根基色欲而來，若不看輕乃至放下色欲的貪愛，私欲也就如影隨形，私欲不去，哪能談得上順乎天理呢？所以有人批評禁欲主義，乃是人類自殺的魔坑！那些生理學家與生物學家，他們以為，人也只是生物之一，凡是生物，就不可能越出生物本能的範圍，他們否定人類之中，還有精神這樣東西，也不相信，人類會利用精神的靈性來克服原始的物性。因此他們看到禁欲的人，就以為是最不懂得人生，而且是絕對痛苦與虛偽的一群。我曾看過一本書，於其中，對禁欲者做著如此的抨擊：「宗教家中的弱者，倡寂滅論，揭起『獨身主義』運動之旗，謂禁欲為逃避現實苦痛的不二法門，但實際上，高腔的梆子儘管響遏行雲，而演出的劇情沒有一場喜劇。……所以除了罪惡的政治之魔與虛偽的人把它當作法寶運用外，就只好讓聰明自誤的『學者』去逍遙於那種牛角尖的極樂世界，只好讓愚癡的人去當作煙酒般服用了。在生理的變化方面考察起來，禁欲的人是病苦的，性情變得非常孤獨而且暴戾，陰險而且殘忍，……有人說要考察寡婦對夫的貞操，或僧、尼嚴守清規與否，最好由他們的健康和性情來推定，這是頗科學的論調。」（陳雨蒼《生活與生理》，臺北：正中書局，民國四十一年，二一七及二一八頁）

我之所以不厭其煩地予以抄引，是鑑於今日的人群之中，抱有這種觀點的，可說比比皆是。他們這種見解的幼稚，正像自己不能肩起重擔，也就不相信世上還有千斤大力士的存在了；又像是自己沒有勇氣去攀登喜馬拉雅山的聖母峰，並也聽說有人試著攀登而告失敗，他們就以為不可能再有人能夠登上極峰之巔了，即使已有好多人已經攀登成功，他們也以為那是騙人的謊話。至於禁欲的勝義，以唯物觀念的生物學眼光來看，自是無法了解的。然而，就實際情況而言，凡是出家或獨身的人，未必均能了解禁欲的勝義，甚有鬧出醜聞來的，我們自亦不用否認，但總不能因為一家失火，即以為萬家點燈都是不對呀！失火固然不對，點燈能說不是好事嗎？

四、佛教對女人的看法

中國的儒家說，食色性也，人之大欲存也。飲食男女，不唯是人類的大欲，乃是一切眾生的大欲。老子說人之大患，在於有身。以佛教說，生從何來？端在飲食男女。佛經中說，一切眾生，皆因淫欲而正性命；又說三界眾生，皆依飲食而得存活（無色界唯有識食，色界有思、識二食，欲界六天有觸、思、識三食，人類則有段、觸、思、識的四種食）。沒有淫欲，不會有生死，生死皆由淫欲而來；沒有飲食，便不能生存，生存端賴於飲食。為了斷除生死之因，以期進入不生不死的涅槃之境，所以要從斷絕淫欲開始，斷絕淫欲，不會死人，故可勸人不淫；為了修道，須假色身為工具，故仍許可眾生有飲食，但此飲食之吸收，是為了生脫死，而非助長生死。經中有一譬喻：落在海中的人，可藉海上的浮屍而得渡，人之吸收飲食，也當可作同等的觀想。

正因佛教的目的，是在教人，乃至教一切眾生，皆能了脫生死，因為六道眾生之中，只有人類最能接受佛法的化導，佛陀說法的對象，也以人類為主，所以制止淫欲的教訓，也是偏重在人類的。

在佛教的大、小乘經律論中，絕大部分都會或多或少地提到男女的問題。並且處處指出或暗示，女色對於修道者的可怕與可惡，簡直就是禍水。天魔外道之要破壞一個修道者的道心，往往是以女色來誘惑，女色雖未必皆由天魔外道的指示而來，但是女色之對道心的障礙力與破壞力，實在也是無可否認的事實；是以，責女色為道人的魔王，也未必過分。所以也有人說：別以為修行人的一本正經，如有一個年輕漂亮的女人，往他們懷裡一坐，看他們還能一本正經否？所以如柳下惠的能夠坐懷不亂，絕非輕而易舉的工夫。臨色不亂行者，堪稱君子，坐懷不亂心者，是賢聖了。

本來，男女兩性，應該是平等的，佛教主張，眾生平等，豈能說男女就不能平等，而要把破壞道心的責任，全部推到女人身上去？如說淫欲的罪惡，皆由女人而來，那是不公道的。所謂：「酒不醉人人自醉，色不迷人人自迷。」如果不去狂飲，絕不會爛醉，如果拒絕女人，女人豈能害人？但是，我們應將事理分開，從理上說，男女是平等的；從事上說，則不能一概而論，女性對於男性的誘惑力，乃是不容否認的事實。此正像一塊磁石，對於鐵器具有吸力一樣，磁石愈大，吸力也愈大，女人愈美愈妖，誘惑力愈強愈烈。一塊大磁石接近小鐵器，不待接近，小鐵器已經不由自主地靠了過去。同樣地，一個男人，若無相當的道力修養，對於前來親近的女人，也會不由自主的。這一點，女性值得驕傲，男性沒有出息，但也由於如此，女人便成了既可愛又可怕的對象了——可怕的成分遠較可愛的成分大得多。

另有一個例子：有人研究，男人聊天，往往會談女人；女人聊天，則殊少談到男人，她們所談的，多半也是女人的事以及女人和小孩的事。可見女人對男人的誘惑是與生俱來的。

女人不但誘惑男人，也能誘惑女人，女人見到絕色的美女，也會動心；女人不但誘惑人類，也能誘惑畜牲，孔雀見到美女，也會自然開屏。女人的皮下脂肪多，故其肌膚滑膩；女人的聲帶頻率高，所以聲音清脆悅耳；女人的性情溫柔，所以媚人。這些種種，都是女人誘惑力的主因。若能看透了，那也不過是一堆血肉之軀而已，死了數天之後，看她還有誘惑力否？但是這一工夫是頗不容易的啊！因此，在佛經中，凡是說到男女的生活問題，總是希望男人提高警覺，不要落入了女人的魔網，尤其對修道者的開示，總是訶斥女色，女人本身沒有過失，女人的形體，卻會使人造成過失。實際上，女人的身心，比較脆弱，她們也無能防範男人的凌辱，只要男人不受女人的誘惑，女性的修道者，自也可以安心無事了。男女犯了過失，男女雙方都是不好的，但是犯過的主因雖由女色的誘惑，犯過的主動者，往往又是男人。是故佛陀偏於男人而訶斥女色，不是輕視女人，乃為保護男人的道心，也為保護女人的安全。但是，佛教對於女人的看法，粗看起來好像是不公平的。現在抄幾節佛經如下：

菩薩觀欲，種種不淨，於諸衰中，女衰最重，刀火雷電，霹靂怨家，毒蛇之屬，猶可暫近，女人慳妒，瞋諂妖穢，鬥諍貪嫉，不可親近。（《大智度論》）

莫與女交通，亦莫共言語，有能遠離者，則離於八難。（《增一阿含經》）

阿難復白佛言：「佛滅度後，諸女人輩，來受誨者，當如之何？」佛告阿難：「莫與相見。」阿難又白：「設相見者，當如之何？」佛言：「莫

與共語。」阿難又白：「設與語者，當如之何？」佛言：「當自檢心。」（《長阿含經》）

女色者，世間之枷鎖，凡夫戀著，不能自拔；女色者，世間之重患，凡夫困之，至死不免；女色者，世間之衰禍，凡夫遭之，無厄不至。（《菩薩訶色欲法經》）

女人之相，其言如蜜，而其心如毒，譬如停淵澄鏡而蛟龍居之，金山寶窟而獅子處之，當知此害不可近。室家不和，婦人之由，毀宗敗族，婦人之罪。（同上）

當知婦人，是衆苦本，是障礙本，是殺害本，是繫縛本，是憂愁本，是怨對本，是生盲本；當知婦人，滅聖慧眼；當知婦人，如熱鐵華，散布於地，足蹈其上……何因緣故，名為婦人，所言婦者，名加重擔。……能使衆生，荷於重擔，徧周行故。（《大寶積經》）

我觀一切千世界中，衆生大怨，無過妻妾女色諸欲。……於男女妻妾諸女色等，所纏縛故，於諸善法，多生障礙。（同上）

女人之法，淫欲偏多。（《摩訶僧祇律》）

一切女人皆是衆惡之所住處。……其女人者，淫欲難滿。……譬如大地，一切作丸，令如芥子，如是等男，與一女人，共為欲事，猶不能足；假使男子，數如恆沙，與一女人，共為欲事，亦復不足。（《涅槃經》）

另在《四十二章經》中，竟有十九章是訶斥女色與情欲的，其他經中訶斥女色的記載，則不勝枚舉。我相信，當女性的讀者們，讀了這些經文的抄錄，一定會很生氣，但我前面說過，女人本身並無過失，過失只是因了女人而有。正如科學家發現原子核子的本身，並無罪惡可言，而運用原子核子的爆炸來殺人，此製造武器的罪惡，卻是因了科學的發明而來。我們只可說殺人是罪惡，發明家並無罪惡。唯於古往今來，「英雄難過美人關」者，不乏其例；由於女色的挑逗而為非作歹者，更是難數；社會兇殺案件，關於女人而產生者，數不勝數。沒有女人要追求，追到一個還不夠，有了兩個尚嫌醜，娶了美妾之後，又會引起他人的眼紅而起爭鬥。所以女人無罪，罪惡往往是由女人而來。所以佛陀要訶斥女色的可怕了。

至於《涅槃經》中，說明女人的多欲，說明女人竟是「人盡可夫」。但據一般的調查，女人的貞操觀念，通常要比男人更值得表揚，女人的羞恥心理，也比男人更值得稱歎，所以通常的姦情，多是由男人首先發動攻勢的。因此，我們更該進一層地了解，佛陀之在《涅槃經》中，說明女人多欲的用心，是在其下文的「訶責女人之相」，什麼叫作女人之相？佛說：「若有不能知佛性者，我說是等名為女人，若能自知有佛性者，我說是人為大丈夫，若有女人能知自身定有佛性，當知是等，即為男子。」從這段文字中，我們可以明白：女人可以被人看成女人，但也未嘗不可能算作男子，男子固可算作男子，但也可以等同於女人。（世上那些沒有骨氣的男子，那些毫無丈夫氣概的男子，豈不等同女人一樣？）女子之中聖賢豪傑，誰說不是大丈夫？是故，男女間的分限，不必在於形體的差別，但視能否自知有佛性而定。自知有佛性者，必然努力學佛而除貪欲，不知有佛性者，當然要沉溺於欲海之中了。如此說來，女性讀者們，也可不必生氣了，因為她們只要知有佛性，當下就是一位大丈夫呀！

因此，我們更該肯定地說，對於人類的歷史與文化，社會與家庭，女人的貢獻，絕對不可抹煞，古來的女中丈夫，巾幗英雄，都是值得歌頌的。即以佛教而言，佛教雖以男性為主，但是女性對於佛教的貢獻，我們不能抹煞。佛陀時代的婦女信徒很多，直到現在，佛弟子中也以女性占多數，因為婦女對於宗教的信仰，有一先天性的傾向。故在佛陀時代，初雖不許女人出家，但是女人出家之後，對於佛教的幫助也不少，如婆闍波提與蓮華色等，都是尼眾的龍象；在家女人如韋提希夫人、末利夫人、勝鬘夫人及毘舍佉母等，皆是優婆夷中的龍象。信佛學佛之後的在家男女皆可以證得三果，出家男，可證四果，出家女，同樣可證四果。即在《華嚴經》中，善財童子五十三參，竟有十一處參的是女性；地藏菩薩在因地發心時，曾數度為女子；觀世音菩薩，應化人間，往往也是化的女身。地上菩薩，雖無女性，應現人間者，常化女身，僅此一點，我們雖應遠離女性並願永不生為女性，但也不得輕視現實中的女性。

五、何謂邪淫與正淫？

佛教的宗旨，是希望一切眾生皆斷淫欲，但此希望，也僅是希望而已，因為諸佛雖願度盡一切眾生，卻又無法度脫一個無緣的眾生。自從無始以來，已有無量無數的眾生成佛，未能成佛乃至未曾聽到過成佛二字的眾生，依舊還有無量無數。同時，眾生雖知成佛而願成佛者，成佛的過程，亦非一蹴可幾的，眾生從初發心學佛，需要經過三大無數劫，才能成佛。一大無數劫以後，始可登上初地菩薩的聖階聖位，到了初地菩薩以上，才可不由於淫欲的牽引而投生，但此一無數劫的階段，是非常長久的。若要所有的眾生，一進佛門，就斷淫欲，自是不可能的。眾生的根器有千差萬別，有人雖未登上聖位，仍然有志斷除淫欲而發心出家，有的雖然登上了小乘的聖位（初、二兩果的在家人），還可享受夫妻的淫欲。佛陀為了適應眾生的根器，雖主張離欲，也不一概地要求離欲，但其為達終將離欲的目的，便倡導節欲的法門，於是規定出家的弟子，一律禁欲，在家的弟子，唯戒邪淫，而不禁正淫。

一般人誤解佛教，以為信佛之後，就要出家禁淫，並以為如果人人出家，數十年後，人類豈非將在地球上絕跡？其實這是杞人憂天，所謂「如果人人出家」，那只是莫須有的假設之詞，因為說這話的人，他就不會發心出家，佛教固盼人人出家，人人成佛，但那終究是盼望不到的事。出家看來容易，實則，若非真大丈夫，豈能真正出家？拿破崙將軍能征服半個世界，卻不能征服他自己的心。唯有能夠征服自心的人，才能真正走上出家之道，所以英雄好當，和尚難做。英雄在於氣，出家在於志；失意後的英雄，可能成為低能，艱困憂患中的僧人，卻會成為霜後的菊花、雪中的臘梅。所以出家之道，絕非人人走得上的。即或以千千萬萬個「如果」的假設，假設真的人人出了家，那也正是佛教之所希望的，難道說，大家對此充滿了痛苦的世界，還很留戀嗎？唯此絕對不是可能的事實，我們又何必去假設？

出家與否，主要是在能否放棄男女的情欲生活而定。男女同處同居的正常生活，雖可障礙出世的通路，但於人間而言，絕不算是罪惡，由女人或者由淫欲而產生的罪惡，往往是從不正常的男女關係而來。所以佛陀對於在家的弟子，但禁邪淫而不禁正淫。因為不正常的男女關係，會造成社會的不安與人心的墮落，一個男人或一個女人，與另外的一個女人或一個男人，發生了不正常的男女關係之後，最低限度會破壞了兩個家庭的和睦與安寧，甚至演出悲劇的結局。雖然不正常的男女關係，當其發生關係之際，要比正常的男女關係，有著更多的樂趣，此一樂趣，是由冒險而來的興奮之感，正像賭博時贏錢一樣，即使賭輸者必將輸得傾家蕩產，但在贏的時候，總是分外地興奮。不正常的男女關係，誰都知道那是不該的，那是罪惡的，但於發生關係之時，又是興奮和昂揚的，這也是凡夫之所以為凡夫的缺陷所在，然此缺陷，我們是應該彌補的，否則的話，人人皆會成為悲劇的主角！

若照常情而論，人類若無文化教育，若無內在道德觀念的約束，也無外在法律軌範的制限，男女的關係，將會氾濫到不可收拾，原始人類的母系社會，可能就是如此的局面，甚至不如禽獸的社會。我們看貓、狗等的獸類起性，皆有時節，未到時節，絕不交配。起性之際，雖有許多的雄性追隨爭逐，經過打鬥之後，只有唯一的勝利者達到目的，參加爭逐的雄性與雄性之間，可能有其生死的搏鬥，對於雌性的一方，則絕無傷害之理；至於鳥類，則多半是實行的「一夫一妻制」。反觀我們這個自詡為萬物之靈的人類社會，男女互相追逐，了無時節觀念，只要情之所鍾，欲之所向，不管已婚未婚，若不能達到目的，上焉者自殺，中焉者毀容或殺人，下焉者屠殺人家的一族一門！這能比得上禽獸社會的男女秩序嗎？說來真夠使人痛心！

一夫一妻的正常生活，不會形成罪惡，但是甘於恪守一夫一妻的正常生活者，也非輕易之事。男人在外的「逢場作戲」，乃是普通事，女人要做到打內心起地不去「紅杏出牆」，也是不太容易。因為人類生來就有一種貪婪的心理，再加上好奇心理的求取嘗試乃至滿足，不正常的男女關係，便會相應而生。我曾看到一本書上做著如下的諷刺。男人的理想妻子，有三個條件：帶到社交場中是一位公主，對待自己的體貼是一位母親，一同上床之後是一個妓女；女人的理想丈夫，也有三個條件：談戀愛時是一位英俊的王子，用鈔票時是一位百萬的富翁，服勞役時是一隻愚笨的蠢牛。這一則諷刺，的確說明了男女相互求偶的心理傾向，正因有了這一心理傾向，邪淫的現象，才會層出不窮。

根據英、美兩國的調查報告，美國女人，百分之五十，婚前已非處女，英國與此相同。在美國女人中，一半以上只曾與一個男人發生關係，三分之一曾與兩個到五個男人發生關係，百分之十三與六人以上發生關係。英國女人有二分之一，曾經祕密地希望與另外的男人發生關係。美國女人有百分之二十六，在婚後與丈夫以外的男人發生關係。

這是英、美兩國的調查報告，可能不適用於中國社會，但此邪淫事實的比例，已夠使我們怵目驚心了。準一般而言，女人除了妓女之外，犯邪淫罪，是比較困難而稀少的，男人則較方便得多，因為男人嫖妓，不算犯法。英、美的女人既然如此，其男人自也更不用說了！所以英、美的家庭無法得到相當的穩定，今日東方人的家庭，也在大大地動搖了，故於今日而談佛教所制的邪淫法門，頗為切要。

佛教徒中的在家弟子，只要一進佛門之後，最好能受五戒，如果不受五戒，也應學習五戒，五戒不能全持，最少要持邪淫一戒。據弘一大師說：「據我思之，五戒中最容易持的是：不邪淫，不飲酒。諸位可先受這兩條，最為穩當。」（《律學要略》）如連邪淫戒都不能受持，還學什麼佛呢？在《瑜伽菩薩戒本》中，雖說在家菩薩為了度脫眾生，可以開邪淫戒，但那是為度生，絕非為求欲樂，其原文是這樣的：「又如菩薩處在居家，見有女色，現無繫屬，習婬欲法，繼心菩薩，求非梵行。菩薩見已，作意思惟：勿令心恚，多生非福。若隨其欲，便得自在，方便安處，令種善根，亦當令其捨不善業。住慈愍心，行非梵行。」這是說，在家菩薩，對於前來相就的女子，應以慈憫心，為之接納安處。但以理衡之，此須未婚或單身的在家菩薩，方可開此方便。接納成為自己的妻子之後，自當不得無限制地「廣開方便」了，同時還得衡量能否因了自己的方便接納，而來感化對方，使之改邪歸正，捨惡從善？如果自知無能為力，當亦不得貿然接納而行邪淫。

邪淫的限制，除了不得與夫婦之外的一切男女發生關係，尚有幾種限制：不得於自身行淫；不得利用一切器物行淫；不得於人類之外一切有情的三道（口道、大便道與小便道）中行淫。對於自己的夫妻，不得於非處（除了臥室臥床之外皆為非處）行淫；不得於非道（除了小便道，身體各部位皆為非道）行淫；不得於非時（白天，產前——從懷孕開始，產後，月訊時，皆為非時）行淫。另外在每年的正、五、九三個月，每月的初八、十四、十五、二十三，及月之末後兩天（此稱六齋日），不得行淫；每逢諸佛菩薩的聖誕與成道之紀念日，也不得行淫，這叫作尊敬好時。還有，若能做到子女成年之時，即行節欲，子女婚嫁之後，即行戒欲，那是更好了。

以上的層次，是由建立一個在家人的基本人格做起，漸次走上節欲斷欲的境地，學佛要從做人學起，如果不戒邪淫，連一個人的資格都不夠，遑論學佛成佛？若能戒除邪淫，自然也可慢慢地做到節欲與斷欲了，一旦斷欲之後，雖不出家，距離出家之道，也就不太遠了。

犯邪淫，分三品：母女姊妹六親行淫為上品，其餘一切邪淫為中品，與自妻非時非處為下品；又以犯心的猛弱而分三品；又約悔與不悔分為三品，致分感三塗之報。若犯淨戒者墮無間地獄。八戒齋日之男女，未破淨戒之出家五眾，最初為之破犯者，即成破淨戒罪。

關於戒除邪淫之道，我願介紹一本好書：《周安士全書》中的《欲海回狂》，頗值得吾人一讀，該書雖有若干觀點，已經不適於時人的思想，但若讀通了古書之後，自亦可以兩不相妨。

六、佛教的禁欲法門

佛教的宗旨是出世的，佛教的一切法門，無非是希望一切眾生走上出世之道，佛教雖以入世的方法，救人救世，入世的究竟，則在達成出世的目的。然而眾生之所以無法出世者，乃在於五欲的束縛，五欲在於眾生而言，是快樂的享受，但以佛法的眼光來看，那等於是自投羅網，自陷泥沼。所謂五欲，有兩種說法，一種是：財、色、名、食、睡（亦名為粗五欲）；一種是：色、聲、香、味、觸（亦名為細五欲）。在此兩種五欲之中，均有色欲在其間，如果就實而論，財、色、名、食、睡，雖較具體，而色、聲、香、味、觸，則更為廣泛，因為後者的五欲，統括了人生的眼、耳、鼻、舌、身，五根的一切享受。如今即就後者而論，後者的五欲之中，以色欲為首，其實，色欲一項，也可含攝了其他的四欲，因為五欲的享受，均屬色法的範圍。即以色欲解成淫欲而言，淫欲的享受，實亦具足了其餘的四欲：男女皆有形貌的互吸互引屬於色，男女互通心曲屬於聲，男女各有氣息屬於香，男女接吻屬於味，兩身交接屬於觸。故於五欲之中，乃以淫欲之樂最為殊勝，眾生對淫欲之難於斷根截源者，正在於此。即使以梵天的尺度來看淫欲，如腐屍，如糞便，但是，君不見腐屍之上與廁所之中的蛆蟲，何嘗知道腐屍、糞便之可厭哉？這是眾生的業力所致，乃是無可奈何的事！

佛陀為救眾生出離生死，所以要我們斷淫，因為淫欲之於凡夫眾生，乃是根深柢固的業報法，所以巧立種種方便，以期漸次脫離。對於根機成熟的利根眾生，佛陀只要三言兩語，戳破了他們的黑漆桶之後，呼一聲「善來比丘」，他們便會當下悟道，頓入聖位，鬚髮自落，袈裟著體，缽捧在手，不必再講任何規矩，他們自然合乎規矩，那便稱作「道共戒」。由於無漏勝慧的道力加持，他們自然斷欲，自然超出於世間的俗情之外了，對於這一類的人，佛陀是用不著制定戒律的。所以佛陀對於比丘戒的制定，是在成道五年之後的事。

不過，眾生之中，適合於出家根性的人，終究是少數，因此，佛陀制戒，也是逐級上升的。佛陀成道不久，初度在家弟子，即授五戒，而制邪淫，以後為使在家弟子，也有種種出家善根的機會，便制八關齋戒，於每月的六個齋日，受持不淫戒。再進一步，如果願意出家，終身不淫，佛陀即制沙彌十戒，但是沙彌犯了大淫，雖亦照例驅遣還俗，所犯的過失，僅是惡作罪而已。如果決志出家，年滿二十之後，即受比丘大戒，成為比丘之時，對於淫戒的規定，就不是那麼簡單了。

淫戒於在家戒中，列在其次，而以殺戒為首，但在比丘、比丘尼的出家戒中，則以淫戒為先。這有兩重原因：一是佛為比丘制戒，第一條就是制的淫戒，在佛時的僧團中，第一個犯過的比丘，便是犯的「不淨行」，所以淫戒在先；一是如中國人說的「萬惡淫為首」，由於淫欲的關聯，可以使人連帶去犯其他的過失，比如好色之徒需要花錢，於是而犯偷盜，由於淫與盜的受到阻礙，便會殺人洩憤，因而淫戒在先。

淫戒當以男女既成相交的事實之後，方始成立罪名，但在未曾達成行淫的目的之前，必藉種種的手段而為方便。所以佛制淫戒，是以男女相交為根本罪，由根本而來的尚有方便罪。又因為男女的頻頻接觸，很可能成為根本罪的前方便，即使不會成前方便，也會使人懷疑成為前方便，因「以小人之心度君子之腹」者，比比皆是。而世上的真實「君子」，確也不可多求，所以在根本罪與方便罪之外，尚有威儀罪——防微杜漸，避免譏嫌。

因此，在比丘、比丘尼戒中，關於制淫的有很多條文，現在試舉《四分律》的要者如下：

（一）比丘戒者共有三十一條：

1. 四棄法之第一條。

2.僧殘法之第一至五條。

3.不定法之兩條。

4.捨墮法之第四、第五，及第十七條。

5.單墮法共有十八條。

6.悔過之第一、第二條。

（二）比丘尼戒者共有五十條。

1.八棄法之第一、第五，及第六條（第一條與比丘戒相同）。

2.僧殘法之第一、第七、第八、第九條（第一條與比丘戒第五條相同）。

3.單墮法共有四十三條（其中有五條與比丘戒相同）。

比丘戒共為二百五十條，關於淫戒者，占了三十一條，是為全數的八分之一強；比丘尼戒共為三百四十八條，關於淫戒者，占了五十條，是為全數的七分之一弱。

佛說：「寧持男根著毒蛇口中，不持著女根中，何以故？不以此緣墮於惡道，若犯女人，身壞命終，墮三惡道。」佛制淫戒，不唯要人斷除生死之因，更要人斷除下墮三塗之因，如果受了比丘、比丘尼戒，乃至五戒，而不持守淫戒，命終必墮三惡道。受戒持戒，即使不能了生死，也必能得生於天上人間，所以佛陀要說「寧捨身命不犯戒」，毒蛇所咬，死後得樂是長遠的，男女行淫，死後受苦也是長遠的。試問：片刻的歡樂，遭致無窮的痛苦，合算得來嗎？此也不特推到來世，即於現在，由於淫的罪惡而「一失足成千古恨」者，也是罄竹難書。

因此，佛陀為了憐我們這些眾生，所制戒律，也就無微不至。

七、淫戒的重與輕

犯淫之最重者為根本罪，次重則為方便罪。以此兩節，乃為比丘、比丘尼戒的核心戒，不宜也不必在雜誌上刊出討論，所以從略。所謂根本淫戒，是男女既成了交會的事實而言，比丘、比丘尼絕對禁止，如果犯了，便是他勝處罪，不通懺悔，不唯逐出僧團，死後當墮焰熱地獄九十二萬萬一千六百萬年。至於方便淫戒，乃是根本淫戒的前方便，由此可能進而破毀根本戒，所以禁止，如果犯了，須在二十人僧中如法懺悔出罪，否則當墮大叫地獄二十三萬零四百萬年。另由根本戒，與方便戒而來的未遂罪或次重罪——律中稱為偷蘭遮的粗惡罪，犯了亦當如法懺悔，否則墮於嗥叫地獄五萬七千六百萬年。這些內容，出家眾可以自看出家律。其實，一個本分的出家人，根本淫戒是不會犯的，方便淫戒，只要稍加注意，也是很難犯的，最易犯的乃是威儀淫戒。

什麼叫作威儀？若照字面解釋，威是威德，儀是儀態；凡是能夠使人肅然起敬者是威，使人起而效法者是儀。人而能夠以其聲形容貌，使人尊敬而且期以效法者，便算是有威儀的人，反之便是沒有威儀。有威儀的人，可以風行草偃，影響大眾並導化大眾，否則便會受到大眾的批評，乃至被大眾之所唾棄。出家人是人天師表，所以出家人之對於威儀，必須講究。我們不求人皆譽之，但也不能成為眾矢之的。人間的毀譽是沒有標準的，然而我們能於行住坐臥之際，內不虧於心，外不損於人，中不汙於身，遠離是非，防微杜漸，即使有人加毀，自心亦可泰然，自己本來不錯，即使一切眾生皆說我錯，我亦可以自慰於心。問題是在，毀謗人來，是否出於我的招引。通常所說：「李下不整冠，瓜田不納履。」整冠納履，未必是偷李採瓜，卻有偷李採瓜的嫌疑；整冠納履並無過失，若在李下與瓜田，整冠納履，即會引起過失。同時「攘羊」之癖，幾乎也是人類原始衝動的一種特性，所以經過瓜田李下之時，不得納履，不得整冠，甚至根本不要打從瓜田李下經過，即使多走幾步，也該繞道而行。否則，「物必先腐而後蟲生」的可能性是很難逆料的。

一般人以為威儀者，只是吃飯、穿衣、走路、睡覺，能夠像個樣子，就夠了。其實，儒家有禮儀三百、威儀三千，佛教則有八萬四千威儀法門。廣義地說，凡是戒都是威儀；狹義地說，除了根本戒與僧殘法之外，才算威儀，自己並未破戒，但令他人看不順眼，或令他人引生煩惱者，便是有失威儀。

在威儀戒中，最能使人刺目，最易遭受譏嫌的，莫過於男女的關係。因為除了聖賢之外，人皆有一本源的貪淫之心，但也有一本源地妒嫉他人的貪淫之心；人皆有一懼災怕禍之心，但也有其隔岸觀火的幸災樂禍之心。所以一發現男女的可疑事，特別高興，每談起男女的苟且事，也特別起勁，並且輾轉相傳，愈傳愈不像話！

我們出家人禁欲，無知之輩，皆以為愚癡；出家人的行為，略涉男女的嫌疑，好事之徒，又像糞蛆見了大便，野狗嗅到腐屍，唯恐鑽之不透，唯恐挖之不出！報紙上的桃色新聞與風月案件，就是這樣來的。但這一點，對於我們出家人而言，亦善亦不善，善者，能使我們提高警覺——豈止「十手所指」與「十目所視」！不善者，徒使我們出家人受到無端的中傷，因而損及佛教的名譽。

因此，在許多的威儀戒中，最應該遵守的，當推有關男女之間譏嫌的防範。比如：男女共語、同室宿（非同床臥）、同道行、同處坐、同處立、同入屏覆處、同坐於屏覆處、同立於屏覆處、相互交換衣物、相互代為執勞，以及佩帶俗人飾物，使用香料（油、膏、粉、水，乃至香皂）塗身，進出俗人臥室、坐臥俗人床鋪等等，都在禁戒之例。

比丘對女人說法，一次之中，不得超過五蘊六識的範圍，比丘尼對男子說法，亦復如此。若有另一懂事解語同性的人在場，或者有數位聽眾，往復出入，或者自己每說一段，即行離場一次，然後繼續說法者不犯。至今，這一戒泰國比丘也未能嚴守了，中國比丘自不用說，但我們應當知所分寸的。

出家人不得單獨與一異性同一室宿，若有間隔關鎖，不能互相往來，或有父母夫主相伴者不犯。這一戒的危險性太大，乃是非守不可的。出家人除有險難，不得與異性同時同道而行。

出家人與異性共行、共立、共坐、共入障暗處，乃是最大的禁忌。若有如此的行為，比丘當以「二不定法」來處理，重則棄，次則殘，輕則墮；比丘尼，有染汙心者，當以「八事成重戒」來處理——受捉手、受捉衣、入屏處、屏處共立、屏處共語、屏處共行、為樂身相倚、共期行淫。每犯一事，一偷蘭遮，八事具足，即成波羅夷罪。因此律中規定，比丘與女人共坐一處，相距二尋（每尋八尺）者無犯。這一戒，在今日的我們，是防不勝防的，當予切實警惕，庶幾不遭譏謗。

比丘不得役使比丘尼，洗染衣物等，不得與比丘尼交換衣物，不得代為做衣，除為親里比丘、比丘尼者，皆得罪；重者墮罪，輕者惡作。所謂親里者，在比丘而言，係指母、女、姊、妹出家者；在比丘尼而言，係指父、子、兄、弟出家者。嬸子、嫂子、妻子（俗時之妻）、媳婦，皆非親里；大伯、小叔、丈夫（俗時之夫）、姪兒，皆非親里。若比丘尼弟子以恭敬心為比丘阿闍黎洗染衣物者不犯，若病者亦不犯。否則即成墮獄罪。

比丘若無正當事故，不受請，不得往尼寺；若受請，須具十德，須為僧中差遣。十德之中，最要緊的是具戒、多聞、精僧尼二部大律、能決疑、善說法、戒滿二十夏，否則犯墮獄罪。比丘尼往比丘僧寺，不單獨往，到寺門，先申報。最低限度要做到《南海寄歸內法傳》中所說：「尼入僧寺，白乃方前；僧向尼坊，問而後進。」「婦人入寺，不進房中，廊下共語，暫時便去。」這在我們中國，已無法做到了。唯於譏嫌，應予謹防。

這些規定，自是用來防微杜漸與息譏止嫌的，但對出家人而言，實是必要的，因為凡夫出家，雖能立志禁欲，若無相當的修持工夫，定力是不夠的，是經不起誘惑的，頻頻接觸，很可能日久生情，到達情意纏綿之際，也就無法自主了。正如《四十二章經》中所說：「妻子情欲，雖有虎口之禍，已猶甘心投焉。」另有云：「投泥自溺，故曰凡夫；透得此門，出塵羅漢。」一般人既非出塵羅漢，腦際則應時時亮著警報的紅燈，為了自己，也為了佛教。出家雖仍許可還俗，既已好心出家，還俗豈不可惜？有人以為，美女惑人，自應避卻，醜女無有媚力，當可例外了。其實，「情人眼中出西施」，只要業緣成熟，中陰身見到老母豬，也會看成絕代的美女，何況是人？又有人以為，防止譏嫌，止於青年男女，若老若小，則可不必計較。例如孔子所說的君子三戒的第一戒是：「少之時，血氣未定，戒之在色。」可見若幼若壯若老，便不必擔心於色之為患了。又說：「四十而不惑，五十而知天命，六十而耳順，七十而從心所欲。」到四十歲時，便可不受外力的誘惑，五十能知天知命，七十則可「心無罣礙」，無拘無束，可見人到四十歲以上，既能無惑於外，當可不避譏嫌了。其實，那是孔子的自述，孔子能做到如此，一般的凡夫，焉能做到如此？唯以常情而論，老年上座比丘，德行當在下座比丘以上，衡事度理，接引群機，當非下座比丘所可相比。所以佛教的聖人，根本不用戒律條文，正反反正，皆能與戒的精神相應，成文的戒律乃為凡夫而制的規定，故其不唯若小若老，非人乃至畜牲的若男若女，皆在謹防之例，如果自驗已證聖果，已登聖位，自可不受戒律條文的限制。比如釋尊以化人度淫女；菩薩以分身應魔女，令發菩提心；婆須密多以淫女身，令人證解脫門。又如《圓覺經》中所說：「心不住相，不著聲聞緣覺境界，雖現塵勞，心恆清淨，示有諸過，讚歎梵行。」假如自己未證聖果聖位，甚至尚未到達內凡的境地，那麼，在戒律的儀則之前，應該是一律平等的。故雖如唐代的清涼國師，歷九朝為七帝師，圓寂之後，相傳為華嚴菩薩，並有金神迎其兩牙歸養，但其直至一百零二歲，仍誓：「足不履尼寺之塵。」我們看來，能不慚愧萬分！

再說，根據美國的調查統計：美國女人的四分之一，在十五歲時，即已接受男性的愛撫；美國女人的生殖欲或色欲的高潮，是從將近三十歲起，直到五十或六十歲止。在印度，十來歲做母親，不算稀奇；在西洋，常有不滿十歲的女童做媽媽，七、八十歲的祖母做新娘；今（一九六二）年六月間報載，臺灣也有一個六十二歲的老婦人，要改嫁一個三十四歲的年輕人。大哲學家康德（Immanuel Kant），雖持獨身主義，直至晚年，尚喜歡與少女共座親近。至於一般身體強壯或生活富裕的男人，「臨老入花叢」者，乃是太平常的事了。所以，出家人的男女嫌疑，應當避之終身，並且不別老少，否則，未到蓋棺，不能論定，犯了過失，罪報彌深！犯了波逸提，應向一位清淨比丘如法懺悔，懺悔即滅戒罪，否則便墮眾合地獄一萬四千四百萬年。犯了突吉羅，要墮等活等地獄九百萬年。

八、結論

佛教的禁欲法門，可謂無微不至，上面介紹的，僅是其中的大要，若想進一步地了解，當由各自去看律本，在家弟子可看《優婆塞戒經》等的在家律本，出家弟子可看《四分律》，並參考弘一大師的《四分戒相表記》等。

上面所舉的戒淫法門，若以無知者的眼光來看，好像佛門之中充滿了淫氣，所以才會談到這許多問題，這也是出家戒不許在家人知道的一大原因（我來公開討論，已經違反了中國律宗相傳的規定，泰國則允許在家人研究比丘律，但不得批評比丘生活）。但是佛教戒律的性質，也與國家的法律相似，法律的制定，只是為國民立下一個生活的軌範，使得國民皆有一個生活方式的依準，賴此保護國家與社會的秩序，也賴此保護每一個國民的安全。但是絕不能說，國家有了刑法與民法的存在，就等於這個國家之內充滿了犯法的國民。如能明白了這一層道理，自不會因為佛教的淫戒精微，而說佛教徒們多犯淫行了。倘仍存有此見者，只能表示他的愚癡，而不會損及佛教的尊嚴。我也本於這一觀點，自信並無不合，故敢予以討論，知我罪我，則非我之所計。

有關淫戒的持守，特別是威儀方面的，在我們的環境中，實在難以全部遵行。在凡夫而言，每一條戒，有其制的事宜，也均有其犯的可能，尤其是威儀一門。所以犯了之後，均有懺除的方法，奈何我國的佛教，羯磨法幾全廢棄，犯戒之後，也無從如法懺悔。所以我的介紹，也僅希望如此，實際不能如此者，自也無可奈何。至於在家弟子，當也不得以此做為口實，評論現時的出家人。現時的出家人無福，在家弟子更無福；如果有福，不會生此末世，更不會以末世的出家人為師。所以在家弟子應該自己持戒，並為出家人護戒，協助出家人持戒，切不可抨擊出家人犯戒，乃至無中生有，譏嫌出家人犯戒，那是有罪的！所以佛時的須達長者供養比丘，恆持「是法非法，事在沙門」的態度，而主張白衣不得過問比丘的事。

（一九六二年九月稿於臺灣美濃鎮大雄山朝元寺，《香港佛教》三十—三十二期）

國家圖書館出版品預行編目資料

律制生活 / 聖嚴法師著 . -- 三版 . -- 臺北市 :
法鼓文化 , 2018. 11
面 ;　公分
ISBN 978-957-598-793-0 (平裝)

1. 佛教 2. 傳戒

224.11　　107015961

學佛入門 5

律制生活

Living by the Monastic Precepts

著者　聖嚴法師
出版　法鼓文化
總監　釋果賢
總編輯　陳重光
編輯　林蒨蓉
封面設計　化外設計
內頁美編　小工
地址　臺北市北投區公館路一八六號五樓
電話　(02)2893-4646
傳真　(02)2896-0731
網址　http://www.ddc.com.tw
E-mail　market@ddc.com.tw
讀者服務專線　(02)2896-1600
三版一刷　二〇一八年十一月
建議售價　新臺幣二五〇元
郵撥帳號　50013371
戶名　財團法人法鼓山文教基金會—法鼓文化
北美經銷處　紐約東初禪寺
Chan Meditation Center (New York, USA)
Tel: (718) 592-6593　Fax: (718) 592-0717